ひと目でわかる!

重加算税の
反証ポイント

弁護士 **吉田正毅** [著]

ぎょうせい

はしがき

　国税不服審判所の公表裁決事例をみると、令和に入ってから重加算税の賦課決定処分だけで20件以上取り消されています。国税当局は、重加算税の賦課決定処分をする場合、争点整理表を作成し、複数の職員の決裁をしたうえで、処分をしています。そのため、国税当局内部では慎重な審理がされたうえで、重加算税の賦課決定処分がされているといえます。それでは、なぜ重加算税の賦課決定処分が取り消されているのでしょうか。国税当局の判断と国税不服審判所の判断では、何が違っているのでしょうか。

　本書は、上記の問題意識を出発点として、第1章で、判例における重加算税の賦課要件を整理します。第2章では、第1章で整理した重加算税の賦課要件ごとに取消事例を取り上げ、国税当局が重加算税の賦課要件を満たすとした理由と、裁判所や国税不服審判所が重加算税の賦課要件を満たさないとして取り消した理由を検討し、その取消しのポイントを整理していきます。第3章では、近年の重加算税取消事例について個別に取り上げて、国税当局がどのような理由で重加算税の賦課決定処分をしているのか、それがどのような理由で取り消されているのかを概観し、近年の傾向をみていきます。どの章でも、判決や裁決の内容を適宜要約や補足をし、一目で分かりやすいように図や表で整理しました。分かりやすさを重視した要約や補足をしていますので、気になったり興味を持たれたりした判決や裁決はぜひ原文もご確認ください。

　重加算税は、税務調査で国税職員から指摘を受け、問題とされることも少なくありません。私も、税務調査において重加算税が問題とされたため、税務職員に重加算税の賦課要件を満たすと考える理由を確認したうえで、当該要件について判断をした裁決例や裁判例を示すことで、納税者も納得できる解決に至った経験があります。本書は、このように税

務調査において重加算税と言われた場合に、直ちに要件とポイントを確認し、重加算税の賦課要件を満たすか否かを検討できることを目指しました。本書で重加算税の賦課要件と取り消されるポイントを理解したうえで、判決や裁決の原文を確認され、より詳細な事実関係を基に精緻な分析や検討をし、税務調査での主張立証活動などの実務に生かしていただければと思っています。本書が、読者の皆様の重加算税の賦課要件と取り消されるポイントについての理解の助けになり、適正な重加算税の賦課決定処分の一助となれば幸いです。

　最後になりますが、本書の出版に当たっては、企画及び構成の段階から、数多くの貴重なアドバイスをいただき、編集等の多大なご尽力をいただいた株式会社ぎょうせいの皆様にこの場を借りて、厚く御礼申し上げます。

令和6年10月

弁護士　吉田　正毅

ひと目でわかる！

重加算税の反証ポイント

弁護士　吉田　正毅

目　次

はしがき

序　章　はじめに ·· 2

第 1 章　判例による重加算税の賦課要件

1 国税通則法第68条 ·· 6

2 重加算税の制度趣旨 ······································ 7
- **1** 判例 ··· 7
- **2** 考察 ··· 8

3 隠蔽行為、仮装行為 ······································ 10
- **1** 判例 ··· 10
- **2** 考察 ··· 11

4 事実 ·· 12
- **1** 判例 ··· 13
- **2** 考察 ··· 15

5 主観的要素 ·· 16
- **1** 判例 ··· 17
- **2** 考察 ··· 20

i

6 行為者要件 ··· 23

1 従業員の隠蔽・仮装行為 ······································· 24

2 第三者による隠蔽・仮装行為 ······························· 30

3 税理士による隠蔽・仮装行為 ······························· 33

7 隠蔽・仮装行為の時期 ··· 34

8 特段の行動の要件 ··· 36

1 最高裁平成7年判決 ··· 37

2 考察 ·· 39

3 類型 ·· 40

（1）複数年度にわたる過少申告 ····················· 40

（2）帳簿の操作 ·· 46

（3）相続財産の名義変更等と税理士への秘匿 ··· 51

（4）税務調査における虚偽の説明等 ············· 53

（5）税理士に対する虚偽説明・答弁 ············· 55

（6）貸倒損失の外観作出 ······························ 56

9 まとめ ·· 58

第2章 取消事例の検討

1 事実の隠蔽行為、仮装行為とは認められなかった事例 ··· 60

1 所得税 ·· 60

（1）譲渡代金の第三者名義への入金
（大阪地判昭和51年2月5日税資87号279頁） ···················· 60

（2）税務調査に対する非協力的態度
（横浜地判昭和53年3月13日判タ366号287頁） ················ 62

2 法人税 ··· 66

（1） 売上の計上漏れ（東京地判昭和48年8月8日判時720号26頁）··· 66

（2） 府民税と繰越欠損金の計上

（大阪地判昭和54年10月16日税資109号26頁）··················· 67

（3） 利息の計上漏れ（東京地判昭和55年6月25日税資113号806頁）··· 69

（4） 架空仕入の計上（東京地判昭和55年8月28日税資114号399頁）··· 73

3 相続税 ··· 76

（1） 税務職員への不陳述

（長野地判平成12年6月23日税資247号1338頁）················· 76

2 国税の課税標準等又は税額等の計算の
基礎となるべき事実ではないとされた事例 ········ 85

1 消費税 ··· 85

（1） 契約締結日の虚偽記載

（裁決平成16年5月19日裁事67集103頁）······················· 85

3 主観的要素（故意）が認められなかった事例 ····· 91

1 所得税 ··· 91

（1） 領収書等の持参漏れ

（大阪高判昭和50年9月30日判タ336号274頁）················· 91

（2） 仕入れの過大計上

（大阪地判平成3年3月29日判タ758号157頁）················· 94

（3） 内容虚偽の契約書

（東京高判平成8年5月13日税資216号355頁）················· 107

2 法人税 ··· 113

（1） 商品棚卸表の修正

（福岡高判昭和35年9月9日税資 33号1094頁）················· 113

（2） 株式の口座移し替え、経理上の操作

（東京高判平成5年3月24日税資194号1038頁）··· 118

iii

3 相続税 ･･ 124

（1） 定期預金の解約等

（神戸地判平成11年11月29日税資 245号497頁）･････････････ 124

4 第三者の行為につき責任を負わないとされた事例 ･･･ 131

1 所得税 ･･･ 131

（1） 共同経営者による隠蔽仮装行為

（鳥取地判昭和47年 4 月 3 日税資65号639頁）･･････････････ 131

（2） 第三者による隠蔽仮装行為①

（大阪高判平成 3 年 4 月24日判タ763号216頁）･･････････････ 134

（3） 税理士による隠蔽仮装行為

（東京高判平成18年 1 月18日税資256号順号10265）･･･････････ 140

（4） 第三者による隠蔽仮装行為②

（裁決平成30年 9 月 3 日裁事112集 3 頁）･････････････････ 150

2 法人税 ･･･ 159

（1） 従業員による詐取行為①

（裁決平成23年 7 月 6 日裁事84集30頁）･･･････････････････ 159

（2） 従業員による詐取行為②

（裁決令和元年10月 4 日裁事117集12頁）･････････････････ 166

5 特段の行動とは認められないとされた事例 ･･････････ 172

1 所得税 ･･･ 172

（1） 収入の除外 （岡山地判平成21年10月27日税資259号順号11300） 172

（2） 給与所得者によるFX取引

（裁決平成20年12月18日裁事76集42頁）･･･････････････････ 177

（3） 収支内訳書の虚偽記載

（裁決平成27年 7 月 1 日裁事100集15頁）･････････････････ 181

2 法人税 ･･･ 185

（1）経理処理（裁決平成23年２月23日裁事82集25頁）⋯⋯⋯ 185

3 相続税⋯⋯⋯⋯⋯⋯⋯⋯⋯⋯⋯⋯⋯⋯⋯⋯⋯⋯⋯⋯⋯⋯⋯⋯⋯⋯195

（1）意図的な過少申告
（東京地判平成18年９月22日税資256号順号10512）⋯⋯⋯⋯⋯195

（2）お尋ね書の虚偽記載
（裁決平成26年４月17日裁事95集22頁）⋯⋯⋯⋯⋯⋯⋯⋯⋯198

（3）生命保険金の計上漏れ
（裁決平成28年５月13日裁事103集43頁）⋯⋯⋯⋯⋯⋯⋯⋯ 205

第3章 最近の取消事例

1 試算表の作成（裁決令和３年３月24日裁事122集96頁）（所得税）⋯ 212

2 相続財産の一部の不申告
（裁決令和４年５月10日裁事127集15頁）（相続税）⋯⋯⋯⋯⋯⋯ 216

3 副業での売上の無申告
（裁決令和５年１月27日裁事130集41頁）（所得税）⋯⋯⋯⋯⋯⋯ 226

4 売上の計上漏れ
（裁決令和５年12月４日裁事133集24頁）（法人税）⋯⋯⋯⋯⋯⋯ 232

序 章

はじめに

　本書で整理した重加算税の賦課要件を図示すると以下のとおりです。まず、隠蔽・仮装行為の要件で賦課されているのか、特段の行動の要件で賦課されているのかを確認します。

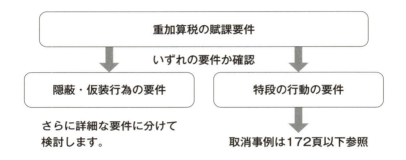

　次に隠蔽・仮装行為の要件で賦課されている場合、さらに以下の3つの要件に分けて検討します。

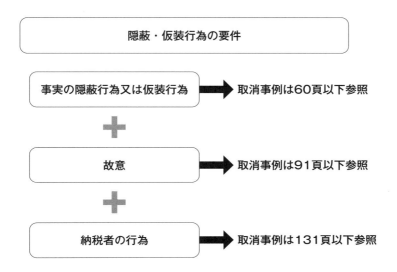

　本書では、第1章で上記の要件に整理できる理由を説明し、第2章でそれぞれの要件での取消事例を紹介し、その取消のポイントを検討します。第3章で、近年の取消事例を取り上げ、課税当局はどのような理由で賦課したのか、どの要件を満たさないとして取り消されているのかを見ていきます。読者の皆さんに分かりやすいように工夫しましたので、最後までお付き合いいただけると幸いです。

第 **1** 章

判例による
重加算税の賦課要件

まず、重加算税についての裁判例の判示を要件ごとに整
理し、重加算税の賦課要件の判例上の取扱いをみていきま
しょう。

1 国税通則法第68条

　重加算税は、国税通則法第68条に規定されており、第1項は過少申告加算税の要件に該当する場合の重加算税について、第2項は無申告加算税の要件に該当する場合の重加算税について、第3項は、不納付加算税の要件に該当する場合の重加算税について規定しています。なお、第4項は短期間に繰り返し重加算税を受けた場合の加重規定です。

　国税通則法第68条第1項から第3項までの条文を図示すると以下のとおり整理できます。

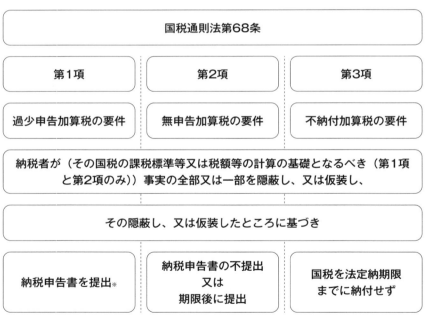

※令和6年度税制改正により、令和7年1月1日から納税申告書又は更正の請求書を提出したときと改正されます。

第1項から第3項までの重加算税の要件に、「納税者が（その国税の課税標準等又は税額等の計算の基礎となるべき（第1項と第2項のみ））事実の全部又は一部を隠蔽し、又は仮装し」という要件、「その隠蔽し、又は仮装したところに基づき」という要件が共通していることが分かります。この隠蔽し、又は仮装しという要件が、重加算税では最も問題になります。なぜこの要件が問題になるのか、その理由を明らかにするため、ここで重加算税の制度趣旨についてみていきましょう。

2　重加算税の制度趣旨

1　判例

　「重加算税の制度は、納税者が過少申告をするについて隠ぺい、仮装という不正手段を用いていた場合に、過少申告加算税よりも重い行政上の制裁を科することによって、悪質な納税義務違反の発生を防止し、もって申告納税制度による適正な徴税の実現を確保しようとするもの」とされています（最判平成7年4月28日民集49巻4号1193頁）。

重加算税の制度趣旨

納税者が過少申告をするについて隠蔽、仮装という不正行為

過少申告加算税よりも重い行政上の制裁（重加算税）

悪質な納税義務違反を防止

申告納税制度による適正な徴税の実現を確保

2 考察

　重加算税の制度趣旨については、学説においても「申告納税制度秩序維持のために、隠ぺいまたは仮装という不正手段を用いた最も悪質な納税者に対し、特別に重い負担の行政制裁を課し、もって適正な申告をした納税者との権衡を図る必要が生ずる。重加算税制度は、このような不正手段があった場合の行政制裁として設けられたものである[1]」と説明されていたり、「重加算税は、申告納税制度を維持するために悪質な申告納税義務の違反者に重い経済的負担を課するものであり、かつ、侵害された国庫利益の回復手段たる損害賠償的性格を併せもつものである[2]」と説明されていたりするものもあり、一般的に悪質な納税者に課される

1　金子宏ほか編『租税法講座─第2巻　租税実体法─』〔松沢智〕（帝国地方行政学会、1973）334頁
2　池本征男「加算税制度に関する若干の考察」税大論叢14号（1981）199頁

ものであると理解されています。

重加算税の法的性質（学説）

申告納税制度を維持するために悪質な申告納税義務の違反者に与える特別に重い負担の行政制裁

侵害された国庫利益の回復手段たる損害賠償的性格

　そのため、税務職員から重加算税を課すと言われると、単に申告や会計処理において間違えただけの納税者（多くは税務や会計の専門知識を有していません。）は、不正手段を用いていた悪質な納税者との烙印を国家権力から押されると思い、その心理的抵抗は強いものがあります。重加算税の取消裁決が多いのも、このような納税者の心理的抵抗が大きく、不服申立てに発展しやすいことと無関係ではないと思われます。また、重加算税の制度が「隠蔽、仮装」という不正手段を用いていた悪質な納税者に対する行政上の制裁である以上、単に申告や会計処理でミスをした納税者と区別されなくてはなりません。そのため、このような観点から「隠蔽、仮装」と法的に評価できるかを検討する必要があるといえます。
　以上の重加算税の制度趣旨を踏まえて、重加算税の賦課要件を理解し、実際の事件において取り消されるポイントがないかを検討していくことになります。

3 隠蔽行為、仮装行為

まず、「納税者がその国税の課税標準等又は税額等の計算の基礎となるべき事実の全部又は一部を隠蔽し、又は仮装し」という要件のうち「隠蔽し、又は仮装し」の要件についてみていきます。この隠蔽行為、仮装行為が何であるか、判例はどのように判示しているかを見ていきましょう。

1 判例

和歌山地判昭和50年6月23日税資82号70頁は、「『事実を隠ぺい』するとは、事実を隠匿しあるいは脱漏することを、『事実を仮装』するとは、所得・財産あるいは取引上の名義を装う等事実を歪曲することをい」うとしています。

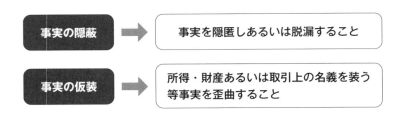

名古屋地判昭和55年10月13日税資115号31頁は「『事実を隠ぺいする』とは、課税標準等又は税額の計算の基礎となる事実について、これを隠ぺいしあるいは故意に脱漏することをいい、また『事実を仮装する』とは、所得財産あるいは取引上の名義等に関し、あたかも、それが真実であるかのように装う等、故意に事実を歪曲することをいうと解するのが相当である」としており、若干異なっています。この違いは後述のと

おり、「事実」の解釈や「主観的要素」の解釈の違いを含んでおり、下記 **4** 以下で詳細に検討していくこととなります。

2 考察

学説では、「事実の隠蔽とは、売上除外、証拠書類の廃棄等、課税要件に該当する事実の全部または一部をかくすことをいい、事実の仮装とは、架空仕入・架空契約書の作成・他人名義の利用等、存在しない課税要件事実が存在するように見せかけることをいう[3]」とされています。

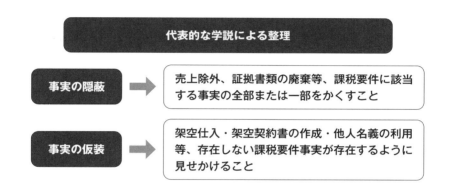

実際の事件では、納税者の行為が、隠蔽行為、仮装行為に該当するかというあてはめが問題になります。例えば、売上の計上漏れがあった場合に、過失による計上漏れであるのか、故意に売上を除外したものであるのかが問題になります。また、交通ICカードの利用履歴をプリントアウトせずに、交通ICカードで使用した金額をすべて経費計上していたが、一部経費に該当しない支払があった場合、交通ICカードの利用履歴をプリントアウトしていなかった不作為が隠蔽行為に該当するのか

3　金子宏『租税法』（弘文堂、第24版、2021）914頁

といったことが問題になったりもします。このような不作為を「隠蔽・仮装行為」と評価できるのかも法的には問題になります。

　取消事例では、隠蔽行為又は仮装行為に該当しないとして取り消された例も少なくありません。その際、下記**4**のそれが「事実」の隠蔽又は仮装行為といえるのかという論点と、後記**5**の主観的要素の論点が合わせて問題となります。下記**4**以下で詳しく見ていきましょう。

4　事実

　重加算税の賦課要件では、国税の課税標準等又は税額等の計算の基礎となるべき「事実」とは何かが問題となり得ます。例えば、①税額が「事実」、②総所得金額が「事実」、③所得金額が「事実」、④収入金額及び必要経費が「事実」、⑤勘定科目ごとの金額が「事実」、⑥個々の取引等に係る具体的事実が「事実」とそれぞれ解釈する余地があります[4]。

4　小林博志「税務行政訴訟における主張責任、証明責任」日本税務研究センター編『税務行政訴訟　日税研論集43号』（日本税務研究センター、2000）136頁参照

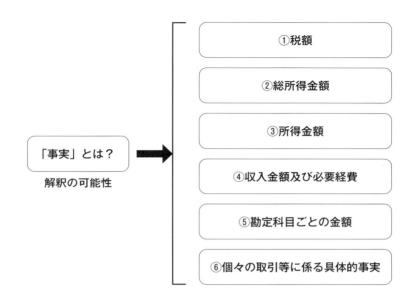

1 判例

　前掲和歌山地判昭和50年6月23日税資82号70頁は、「『事実を仮装』するとは、所得・財産あるいは取引上の名義を装う等事実を歪曲することをい」うとしており、また、最判平成6年11月22日民集48巻7号1379頁は、「国税通則法68条1項にいう税額等の計算の基礎となるべき所得の存在を一部隠ぺいし」としていることから、これらの判決は③の所得金額が「事実」に含まれると解しています。他方、最判昭和45年9月11日刑集24巻10号1333頁は、「重加算税は、・・・各種の加算税を課すべき納税義務違反が課税要件事実を隠ぺいし、又は仮装する方法によって行われた場合に、行政機関の行政手続により違反者に課せられるもの」としていることから、「課税要件事実」が「事実」であると解しています。課税要件事実とは、税法の適用が問題になる以前に既に客観

的に存在している個々の取引等に係る具体的事実と解されています[5]。したがって、⑥の個々の取引等に係る具体的事実が「事実」と解されます。名古屋地判平成15年2月14日税資253号順号9285は、「『隠ぺい』とは、課税要件に該当する事実の全部又は一部を隠すことをいい、『仮装』とは、存在しない課税要件事実が存するように見せかけることをい」うとし、課税要件事実の隠蔽行為又は仮装行為が要件になるとしています。宇都宮地判平成17年3月2日税資255号順号9948も、「『事実の隠ぺい又は仮装』とは、架空の事実を記載した契約書・帳票類等を作出したり、他人名義を利用したりすることによって、虚偽の課税要件事実を作出することをいうと解すべき」とし、虚偽の課税要件事実を作出することをいうとしました。

　東京高判平成18年1月24日税資256号順号10276は、重加算税の賦課要件である「隠ぺいし又は仮装し」の意義は、法人税法127条1項3号の「隠ぺいし又は仮装し」と同義であるとし、「前提となる取引事実を隠ぺい、仮装したりした上、これに基づいて帳簿記載をする場合に限らず、過少申告を意図して一連の取引行為を行い、本来付すべき勘定科目を故意に別の勘定科目に虚偽記載することも、帳簿上の虚偽記載として『仮装したこと』に当たると解される」としました。同判決は、⑤勘定科目ごとの金額が「事実」と判断したものと解されます[6]。

5　谷口勢津夫『税法基本講義』（弘文堂、第7版、2021）58頁
6　東京高判平成18年1月24日税資256号順号10276を批判的に検討したものとして、拙稿「重加算税―事実の隠ぺい・仮装と税法上の評価誤り（下）―」税理59巻15号（2016）147頁以下

「事実」	裁判例
③所得金額	▶最判平成6年11月22日民集48巻7号1379頁 ▶和歌山地判昭和50年6月23日税資82号70頁
⑤勘定科目ごとの金額	▶東京高判平成18年1月24日税資256号順号10276
⑥個々の取引等に係る具体的事実（課税要件事実）	▶最判昭和45年9月11日刑集24巻10号1333頁 ▶名古屋地判平成15年2月14日税資253号順号9285 ▶宇都宮地判平成17年3月2日税資255号順号9948

　上記のとおり、裁判例では、国税の課税標準等又は税額等の計算の基礎となるべき「事実」の解釈について一致しているとは言い難い状況です。

2 考察

　学説では、重加算税の賦課要件である「事実」とは、納税者の取引等に係る具体的な事実であり、所得は「事実」ではないとする見解[7]と所得も「事実」と解する見解[8]に分かれています。

```
          学説：「事実」とは

 納税者の取引等に係る具体的な      所得も「事実」と解する見解
 事実であり、所得は「事実」で
 はないとする見解
```

7　岡村忠生「判批」民商法雑誌113巻1号（1995）105頁、池本征男「加算税制度に関する若干の考察」税大論叢14号（1981）207頁

8　川神裕「判解」最判解民事篇平成6年度（1997）599頁、小貫芳信「附帯税をめぐる訴訟（1）〜重加算税の賦課要件を中心として」税理38巻14号（1995）202頁

上記のとおり、国税の課税標準等又は税額等の計算の基礎となるべき「事実」をどう解するかについては争いがあり、重加算税の賦課要件を検討するにあたっては、何を「事実」ととらえるかが重要になります。また、後述のとおり、事実の隠蔽・仮装行為があったとしても、その事実が国税の課税標準等又は税額等の計算の基礎にはならないとして取り消されている事例もあります。そのため、それが事実の隠蔽行為・仮装行為のように見えたとしても、重加算税の要件である国税の課税標準等又は税額等の計算の基礎となるべき「事実」の隠蔽行為・仮装行為といえるかは十分な検討が必要といえます。

5　主観的要素

　重加算税の賦課要件として、納税者の認識が問題になります。例えば、納税者が、故意に領収書を破棄した場合と、過失によって領収書を紛失した場合で、客観的に領収書がないという状況は同じですが、重加算税の賦課要件を満たすか否かの結論は変わるのでしょうか。故意が要件ではない場合は、いずれの場合も重加算税の賦課要件を満たすことになりますが、過失によって領収書を紛失したことを隠蔽行為というのは、言葉の意味と離れてしまいます。このように、客観的には領収書がなくなっており、領収書を破棄したという隠蔽行為をした状況と同じ状況になっていたとしても、納税者に隠蔽行為の認識はなく、過失によってそのような状況になったのであれば、重加算税の賦課要件を満たさないのではないかということが問題になります。

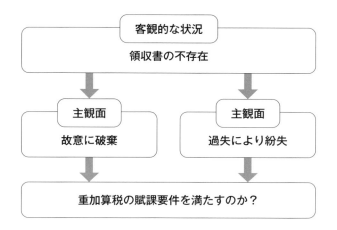

　さらに、納税者の認識として、過少申告の意図又は認識が必要となるのかも問題となり得ます。

1 判例

　過少申告の認識について、最判昭和62年5月8日税資158号592頁（以下「昭和62年最判」という。）は、「重加算税を課し得るためには、納税者が故意に課税標準等又は税額等の計算の基礎となる事実の全部又は一部を隠ぺいし、又は仮装し、その隠ぺい、仮装行為を原因として過少申告の結果が発生したものであれば足り、それ以上に、申告に対し、過少申告を行うことの認識を有していることまでを必要とするものではない」として、過少申告の認識は不要としました。

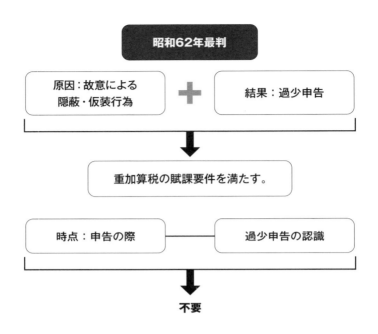

　故意の内容について、仙台地判平成5年8月10日税資198号482頁は、「故意があるというためには、当該納税者が隠ぺい又は仮装行為と評価されるべき客観的事実を意図的に実現したことが必要であると解すべき」としているほか、前掲和歌山地判昭和50年6月23日税資82号70頁は、隠ぺい又は仮装の行為について、「いずれも行為の意味を認識しながら故意に行うことを要するものと解すべき」としています。大阪地判平成3年3月29日判タ758号157頁は「期中における経理処理の際に、課税要件となる事実についてこれを仮装または隠ぺいすることについての認識がある場合や、あるいは、期中において経理上の誤りなどによって、行為者の意識しない事実に相反する経理処理がなされた場合であっても、申告期限前にこの誤処理を発見しながら、ことさらこれを訂正しなかった場合には、訂正しないという積極的な意識がある以上、その時点で事

実を仮装または隠ぺいしたことになり、また認識して訂正しない点で故意が認められることになる」としています。大阪高判平成3年4月24日判タ763号216頁は、「『隠ぺい・仮装』とは、租税をほ脱する目的をもって、故意に納税義務の発生原因である計算の基礎となる事実を隠匿し、又は、作為的に虚偽の事実を付加して、調査を妨げるなど納税義務の全部又は一部を免れる行為をい」うとしており、租税をほ脱する目的を要するとしています。

　他方で、前掲名古屋地判平成15年2月14日税資253号順号9285は、「これら（注：隠蔽・仮装行為）の事実は客観的に存在すれば足り、納税者の故意ないし意欲を要するものではないと解される」として故意は不要としています。

裁判例	主観的要素の内容
和歌山地判昭和50年6月23日 税資82号70頁	行為の意味を認識しながら故意に行うこと
大阪地判平成3年3月29日 判タ758号157頁	課税要件となる事実についてこれを仮装または隠ぺいすることについての認識があること
大阪高判平成3年4月24日 判タ763号216頁	租税をほ脱する目的をもって、故意に事実を隠匿ないし作為的に虚偽の事実を付加すること
仙台地判平成5年8月10日 税資198号482頁	隠ぺい又は仮装行為と評価されるべき客観的事実を意図的に実現したこと
名古屋地判平成15年2月14日 税資253号順号9285	納税者の故意ないし意欲を要するものではない

　故意の具体的内容について明確にした最高裁判決は出されていません。

2 考察

学説では、重加算税の賦課要件としての故意に関する学説を以下の3つに分類しています[9]。

①二重帳簿の作成等の行為が客観的に隠蔽又は仮装と判断されるものであれば足り、納税者の故意の立証まで必要としていないと解する説

②課税要件となる事実を隠蔽又は仮装することについての認識があれば足り、その後過少申告等についての認識は必要としないとする説

③②の要件に加え、過少申告等についても租税を免れる認識をも必要とする説

私は、主観的要素について、以下の表ように整理できると考えました[10]。納税者の行為と、当該行為時に必要となる主観的要素をまとめたものです。

表　主観的要素の整理

行為	隠蔽又は仮装行為	申告行為
主観的要素	①隠蔽又は仮装行為の認識	②過少申告の認識
主観的超過要素	③過少申告の意図	④過少申告の意図

過少申告の認識とは、所得金額を過少に申告することの認識をいい、過少申告の意図は、過少申告の目的、ほ脱又は脱税の意図ないし目的と実質的に同じものをいい、それは刑法における目的犯の目的と同じ主観

9　品川芳宣『附帯税の事例研究』（財経詳報社、2012）304頁、他に学説をまとめたものとして、伊藤義一「重加算税業務主帰責説試論─隠ぺい・仮装の行為者と重加算税について─」TKC税研時報8巻3号（1993）33頁以下

10　拙稿「重加算税─事実の隠ぺい・仮装と税法上の評価誤り（下）─」税理59巻15号（2016）138頁

的超過要素になります。隠蔽又は仮装行為の認識とは、当該行為が事実の隠ぺい又は仮装行為であることの認識をいいます。

　昭和62年最判は、上記表のうち、②の過少申告の認識は不要と判断しましたが、①③④については判断していません。これらの点が裁判で争点として先鋭化した場合、裁判所が判断する可能性があります。

　私は、重加算税は、納税者の隠蔽又は仮装行為と、それに基づく過少申告等を禁止し、それに違反した者に制裁を与えるものであり、故意による隠蔽・仮装行為を対象としていることから、過少申告加算税や無申告加算税のような過失であっても故意の場合と同じ制裁を与える他の加算税とは性質が異なると考えています。また、無申告加算税や過少申告加算税は、申告行為そのものを問題としているのに対し、重加算税は、申告行為とは別の隠蔽仮装行為を問題としています。したがって、重加算税は、隠蔽・仮装行為という積極的な故意行為に対する制裁であり、租税法特有の申告行為とは別の隠蔽仮装行為を問題としていることから、それは税の一種ととらえきれるものではなく、行政罰に該当すると考えています。

　行政罰は、行政上の義務の履行を担保し、行政法上の秩序を維持するという目的のために必要な場合には課すことができますが、その目的との関係で必要性が認められない場合は、目的達成のための手段としての合理性を失うこととなります。そして、納税義務の内容それ自体を定める課税要件法の領域と比べて課税要件法に対して目的従属的な関係に立つ租税手続法の領域では、手段の必要最小限度性がより厳格に要求されるべきであり、そこでは、法治国家における人権保障原理としての比例原則（憲法13条）が重要な意味を持ち、個々の手続的措置について目的と手段の関係の明確性及び比例性を重視する思考が妥当します[11]。重加算税は、申告納税制度の基礎を揺るがす危険性の高い行為に対し、過

11　谷口勢津夫『税法基本講義』（弘文堂、2021）19頁

少申告加算税より重い行政制裁を課すことにより、申告納税制度を擁護しようとした納税申告義務の履行担保措置ですので、重加算税を課すことが、納税申告義務の履行を担保するといえるか否か、そして、その目的のための手段として必要最小限度か否かが問題となります。

　そこで検討すると、納税者が、過少申告の意図が全くなく、他の目的（例えば犯罪の証拠隠滅など）で隠蔽又は仮装行為をする場合、重加算税という制裁を想定し、適正な申告のために他の目的での隠蔽又は仮装行為を思いとどまることは考え難いです。すなわち、③の過少申告の意図を全く有しない納税者に対して重加算税を賦課しても、納税申告義務の履行を担保することにはなりません。また、①の隠蔽又は仮装行為の認識を有さなければ、隠蔽又は仮装行為を思いとどまるということもありません。そして、重加算税は、隠蔽又は仮装行為という過少申告が発覚しない確率を高める申告納税制度の基礎を揺るがす危険性の高い行為に対して加えられる行政制裁ですので、たとえ申告書に記載された数字に誤りがあったとしても、税務調査により過少申告は容易に発覚するため、申告行為そのものは、過少申告が発覚しない確率を高める行為にあたりません。したがって、申告行為は問題となりませんので、②の申告行為の際の過少申告の認識や④の過少申告の意図は重加算税の賦課要件にはならないと解されます。

　以上検討したとおり、重加算税の趣旨に鑑みれば、その目的を達するために必要な手段か否かを判別する基準として①の隠蔽又は仮装行為の認識及び③の過少申告の意図を考慮する必要があるため、これらが重加算税の賦課要件と解されます。そして、賦課要件とされる過少申告の意図は、具体的に過少に申告する額の認識までは必要ではなく、抽象的な過少申告の意図で足りるものと解されます。抽象的な過少申告の意図さえあれば、納税者は、重加算税という制裁を想定し、隠蔽又は仮装行為を防止し得るからです。

主観的要素については、まだ裁判でも明らかになっていない論点ですので、今後、争点となり、裁判で争われる可能性があります。納税者が、知らなかった、分からなかったという隠蔽行為や仮装行為の認識の問題や過少申告の意図についての話をした場合、この主観的要素の論点を確認するとよいでしょう。

6 行為者要件

重加算税は、「納税者が」隠蔽行為又は仮装行為をした場合に課されるとされています。それでは、納税者以外の第三者が隠蔽行為又は仮装行為をした場合には重加算税の賦課要件を満たさなくなるのでしょうか。例えば、納税者が法人の場合に従業員が行為者の場合や、相続の場合に納税者の親族が行為者の場合、依頼した税理士が行為者などの場合、納税者が隠蔽行為又は仮装行為をしたとして重加算税の賦課要件を満たすことになるのかが問題になります。

> **隠蔽行為又は仮装行為をしたのが以下の者の場合、「納税者が」**
> **隠蔽行為又は仮装行為をした場合に該当するか？**

> ①納税者の従業員

> ②納税者が業務を委託した第三者

> ③納税者が申告を委託した税理士

第1章 判例による重加算税の賦課要件 23

1 従業員の隠蔽・仮装行為

　大阪地判昭和36年8月10日行裁例集12巻8号1608頁は、まず重加算税の趣旨について以下のとおり述べ、重加算税が課されるのは納税義務者本人が行為した場合に限られないとしました。

　「重加算税の制度の主眼は隠ぺい又は仮装したところに基づく過少申告又は無申告による納税義務違反の発生を防止し、もって申告納税制度の信用を維持し、その基礎を擁護するところにあり、納税義務者個人の刑事責任を追及するものではないと考えられる。従って納税義務者個人の行為に問題を限定すべき合理的理由はなく、広くその関係者の行為を問題としても違法ではない。かえって、納税義務者個人の行為に問題を限定しなければならないとすると、家族使用人等の従業者が経済活動又は所得申告等に関与することの決してまれではない実状に鑑みて重加算税の制度はその機能を十分に発揮しえない結果に陥ることはあきらかである（従業者の行為によるときは納税義務者の故意を立証することは容易でなく、発覚したときも従業者自身は重加算税の賦課を受けることはないから、納税義務者が従業者の行為に隠れて不当な利得をはかる虞がある。）」。

重加算税の制度趣旨

【主眼】
隠蔽又は仮装したところに基づく過少申告又は無申告による納税義務違反の発生を防止し、もって申告納税制度の信用を維持し、その基礎を擁護すること。

納税義務者個人の刑事責任を追及するものではない。

 したがって

納税義務者個人の行為に問題を限定すべき合理的理由はなく、広くその関係者の行為を問題としても違法ではない。

　上記の趣旨を踏まえて、従業員がした隠蔽・仮装行為については納税者本人が責任を負う場合について以下のとおり判示しました。
　「重加算税の制度上は従業者の行為は納税義務者本人の行為と同視せらるべく、従業者による所得の事実の隠ぺい又は仮装を納税者本人が知らずして右隠ぺい又は仮装したところに基づき、所得の過少申告をし又は所得の申告をしなかったときは、正当なる所得を申告すべき義務を怠ったものとして重加算税が賦課せられるものと解するのが相当である」。

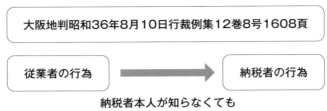

　したがって、この判示では、従業員がした隠蔽・仮装行為については、納税者が知らなくても全て納税義務者本人の行為と同視されることとなり、何も知らない納税者にとっては酷な解釈となっています。

　従業員が横領し、会計帳簿への不正記帳をしていた事案で、大阪地判平成10年10月28日税資238号892頁は、「従業員を自己の手足として経済活動を行っている法人においては、隠ぺい・仮装行為が代表者の知らない間に従業員によって行われた場合であっても、原則として、法人自身が右行為を行ったものとして重加算税を賦課することができるものというべきである」としました。「原則として」としていることから例外があることを示唆する判示といえます。

　会社の専務取締役であった者が隠蔽行為をした事案について、長野地判昭和58年12月22日税資134号581頁は、「国税通則法68条の合理的解釈としては、隠ぺい・仮装の行為に出た者が、納税義務者本人ではなく、その代理人・補助者等の立場にある者で、いわば納税義務者本人の身代わりとして同人の課税標準率の発生原因たる事実に関与し、右課税標準の計算に変動を生ぜしめた者である場合を含むものであり、かつ納税義務者が納税申告書を提出するにあたりその隠ぺい・仮装行為を知っていたか否かに左右されないものと解すべき」としました。ここでは、代理人・補助者等の立場にある者が関与した場合として、関与した者の地位を納税者の行為と同視する要素と判断しています。

金沢地判平成23年1月21日税資261号順号11595は、税理士が隠蔽・仮装行為をした場合については「納税者から納税申告手続を委任された税理士が隠蔽仮装行為をした場合と比較すると、税理士は、適正な納税申告の実現につき公共的使命を負っており、それに即した公法的規律を受けているのであるから、当該税理士が前記行為を行うことを容易に予測することができず、当該税理士の選任又は監督につき納税者に何らかの落ち度があるというだけでは当該税理士の隠蔽仮装行為を納税者本人の行為と同視することはできないというべきである（最高裁平成18年4月20日第一小法廷判決・民集60巻4号1611頁参照）」としたうえで、「納税者である法人の役員や従業員が隠蔽仮装行為を行った場合、通常、役員は法人の機関として行動する者であるし、従業員であっても、法人の事業活動上の利益を上げるためにその手足として用いられている者であるから、納税者本人が、相当の注意義務を尽くせば、役員や従業員の隠蔽仮装行為を認識することができ、法定申告期限までにその是正や過少申告防止の措置を講ずることができたにもかかわらず、納税者においてこれを防止せずに前記行為が行われ、それに基づいて過少申告がされたときには、前記行為を納税者本人の隠蔽仮装行為と同視して、納税者本人に重加算税を賦課することができるというべきである」とし、税理士が隠蔽仮装行為をする場合と法人の役員や従業員が隠蔽仮装行為をする場合とは事情が異なることを前提とし、納税者の注意義務違反を根拠として重加算税を賦課することができるとしました。

金沢地判平成23年1月21日税資261号順号11595

税理士が隠蔽・仮装行為をした場合

税理士は、適正な納税申告の実現につき公共的使命を負っており、それに即した公法的規律を受けている。

税理士が隠蔽行為を行うことを容易に予測することができない。

税理士の選任又は監督につき納税者に何らかの落ち度があるというだけでは納税者本人の行為と同視することはできない。

法人の役員や従業員が隠蔽・仮装行為をした場合

・役員は法人の機関として行動する者である。
・従業員は、法人の事業活動上の利益を上げるためにその手足として用いられている者である。

 そのため

・納税者本人が、相当の注意義務を尽くせば、役員や従業員の隠蔽仮装行為を認識することができた。
・法定申告期限までにその是正や過少申告防止の措置を講ずることができた。

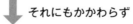 それにもかかわらず

納税者においてこれを防止せずに隠蔽・仮装行為が行われ、それに基づいて過少申告がされたとき、納税者の行為と同視できる。

裁決令和元年10月4日裁事117集12頁は、従業員による詐取行為について「納税者が法人である場合、法人の従業員など納税者以外の者が隠蔽又は仮装する行為を行った場合であっても、それが納税者本人の行為と同視することができる場合には、納税者本人に対して重加算税を賦課することができると解するのが相当である。そして、従業員の行為を納税者本人の行為と同視できるか否かについては、①その従業員の地位・権限、②その従業員の行為態様、③その従業員に対する管理・監督の程度等を総合考慮して判断するのが相当である」とし、①から③の要素を挙げて、従業員の行為を法人の行為と同視することができる場合には、法人に重加算税を賦課することができるとしています。

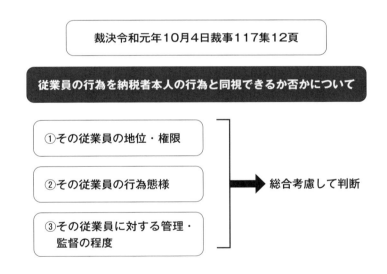

　なお、法人の従業員の行為が問題となった重加算税の判例は多数ありますが、上記のように一般論を示したものより、認定した事実を考慮すると重加算税を賦課することができるとしたものが多数です。学説は、百花繚乱といった様相で様々な見解が示されています[12]。

2 第三者による隠蔽・仮装行為

　大阪高判平成3年4月24日判タ763号216頁は、「隠ぺい、又は仮装行為が、申告者本人ないし申告法人の代表者が知らない間に、その家族、従業員等によって行われた場合であっても、特段の事情のない限り、原則として、右重加算税を課することができるものと解すべき」とし、当該事案では重加算税の賦課決定処分を取消しました。事案は、第三者に対して申告手続を依頼したというものでしたが、裁判所は、申告者本人ないし申告法人の代表者が知らない間に、その家族、従業員等によって行われた場合として法令解釈を示しました。なお、特段の事情の判断については後記134頁以下で詳述しています。

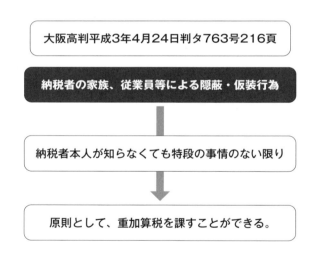

　京都地判平成4年3月23日税資188号826頁は、「納税者が他人にその納税申告を一任した場合、その受任者又はその者の受任者が租税を逋脱

12　拙稿「重加算税─事実の隠ぺい・仮装と税法上の評価誤り（下）─」税理59巻15号（2016）143頁

する目的をもって、故意に前示基礎事実を隠ぺい又は仮装した場合にも、特段の事情がない限り、同条項にいう納税者が『隠ぺいし、又は仮装した』に該当するというべきである」としました。その理由として、「申告納税制度の下においても、納税義務者の判断とその責任において、申告手続を第三者に依頼して、納税者の代理人ないし補助者に申告をさせることが許される。しかし、納税者が申告を第三者に委任したからといって、納税者自身の申告義務は免れず、その第三者がなした申告の効果、態様はそのまま納税者の申告として取扱われる。即ち、納税者が、納税義務者たる身分のない者に申告を一任し、これをいわば納税申告の道具として使用した以上、その者の申告行為は納税者自身がなしたものと取扱うべきである。納税者は、誠実に受任者を選任し、受任者の作成した申告書を点検し、自ら署名押印する等して適法に申告するように監視、監督して、自己の申告義務に遺憾のないようにすべきものである。これを怠って、受任者により不正な申告がなされた場合は、特段の事情がない限り、納税者自身の不正な申告として制裁を受ける」としました。

京都地判平成4年3月23日税資188号826頁

納税者の義務

納税者は、誠実に受任者を選任し、受任者の作成した申告書を点検し、自ら署名押印する等して適法に申告するように監視、監督して、自己の申告義務に遺憾のないようにすべき義務がある。

義務違反の効果

上記納税者の義務を怠って、受任者により不正な申告がなされた場合は、特段の事情がない限り、納税者自身の不正な申告として制裁を受ける。

この判示では、納税者の義務の内容が明らかとされ、当該義務違反があった場合に、特段の事情がない限り、重加算税の賦課要件を満たすとして、第三者の隠蔽・仮装行為と重加算税の要件が示されました。

　東京地判平成18年9月22日税資256号順号10512は、相続人2名（被相続人の妻、長女）が相続人である長男に申告を任せていたケースで「第三者に申告手続をゆだねた者は、ゆだねた相手が隠ぺい・仮装を行い、それに基づいて申告が行われた場合には、重加算税の賦課という行政上の制裁について納税者本人がその責めを負うものと解すべきである」として、重加算税の賦課要件を満たすとしました。この判示は、特段の事情についても触れておらず、納税者に厳しいものとなっています。

　裁決令和3年3月24日裁事122集96頁は、「通則法第68条第1項は、『納税者が…隠蔽し、又は仮装し』と規定し、隠蔽、仮装行為の主体を納税者としているものの、納税者が第三者にその納税申告を委任し、その受任者が隠蔽、仮装行為を行った場合であっても、上記の重加算税制度の趣旨及び目的からすれば、それが納税者本人の行為と同視することができるときには、重加算税を賦課することができるというべきである。すなわち、申告納税制度の下においては、納税者は、納税申告を第三者に委任したからといって、自身の適法に申告する義務を免れるものではなく、適切に受任者を選任し、適法に申告するように受任者を監督して、自己の申告に遺漏がないようにすべきものである。そして、納税者が、これらを怠って、当該受任者が隠蔽、仮装行為を行うこと若しくは行ったことを認識し、又は認識することができ、その是正の措置を講ずることができたにもかかわらず、納税者においてこれを防止せずに隠蔽、仮装行為が行われ、それに基づいて過少申告がされた場合は、特段の事情がない限り、当該受任者の行為を納税者本人の行為と同視することができ、重加算税を賦課することができると解するのが相当である」と判示しています。前記京都地判平成4年3月23日税資188号826頁の法令解

釈と軌を一にしているといえます。特段の事情の内容については、取消事例の積み重ねによって明らかになっていくものと解され、後記の取消事例の検討が重要といえます。

3 税理士による隠蔽・仮装行為

　最判平成17年1月17日民集59巻1号28頁は、「本件において、被上告人とA税理士との間に本件土地の譲渡所得につき事実を隠ぺいし、又は仮装することについて意思の連絡があったと認められるのであれば、本件は、国税通則法68条1項所定の重加算税の賦課の要件を充足するものというべきである」として、税理士が行為者の場合であっても、税理士と納税者との間で隠蔽行為や仮装行為について意思の連絡があったと認められるのであれば、重加算税の賦課要件を満たすとしました。

　最判平成18年4月20日民集60巻4号1611頁は、「納税者が税理士に納税申告の手続を委任した場合についていえば、納税者において当該税理士が隠ぺい仮装行為を行うこと若しくは行ったことを認識し、又は容易に認識することができ、法定申告期限までにその是正や過少申告防止の措置を講ずることができたにもかかわらず、納税者においてこれを防止せずに隠ぺい仮装行為が行われ、それに基づいて過少申告がされたときには、当該隠ぺい仮装行為を納税者本人の行為と同視することができ、重加算税を賦課することができると解するのが相当である。他方、当該税理士の選任又は監督につき納税者に何らかの落ち度があるというだけで、当然に当該税理士による隠ぺい仮装行為を納税者本人の行為と同視することができるとはいえない。」としました。

```
┌─────────────────────────────────────┐
│  納税者が税理士に納税申告の手続を委任した場合  │
└─────────────────────────────────────┘

┌─────────────────────────────────────┐
│           納税者の認識                │
│                                     │
│  税理士が隠蔽仮装行為を行うこと若しくは行ったことを認識した。 │
│              又は                    │
│       容易に認識することができた。    │
└─────────────────────────────────────┘
```

```
┌─────────────────────────────────────┐
│         納税者による回避可能性         │
│                                     │
│  法定申告期限までにその是正や過少申告防止の措置を講ずることができた。 │
└─────────────────────────────────────┘
```

 それにもかかわらず

```
┌─────────────────────────────────────┐
│  納税者が防止せずに隠蔽仮装行為が行われ、それに基づいて過少申告 │
│  がされたとき、隠蔽仮装行為を納税者本人の行為と同視し、重加算税 │
│  を賦課することができる。            │
└─────────────────────────────────────┘
```

　最判平成18年4月25日民集60巻4号1728頁も同旨の判断をしており、税理士が隠蔽行為又は仮装行為をした場合の判断基準としては、上記の規範を用いることが判例上も確立したものとなりました。

7　隠蔽・仮装行為の時期

　名古屋地判昭和55年10月13日税資115号31頁は、「同条該当の所為（注：隠蔽・仮装行為）の有無の判断は、確定申告時を基準としてなされるべきものである」とし、隠蔽・仮装行為は確定申告時が基準となる

と判示しました。

　大阪高判平成5年4月27日税資195号169頁は、「重加算税の納税義務の成立時期は、法定申告期限の経過の時である（国税通則法15条2項15号）から、隠ぺい、仮装行為は、この期限が到来する前の行為だけが加算税の対象になるのが原則である（修正申告書の提出が法律で義務付けられている場合のみ、右期限後の隠ぺい、仮装行為も重加算税賦課の要件を充たすことになると解する。）。したがって、隠ぺい、仮装行為の存否は、確定申告書提出時を中心に判断すべきであって、右期限後の隠ぺい、仮装行為は、法定申告時における隠ぺい、仮装行為の在否を推認させる一間接事実となりうるにすぎない。」とし、隠蔽・仮装行為は法定申告期限が到来する前の行為だけが対象になるとしました。大阪地判昭和50年5月20日税資81号602頁も期限後の隠蔽仮装行為は、確定申告時において当該納税者が隠蔽又は仮装の意思を有していたか否かを判定するための資料となるにすぎないとしています。上記大阪高裁平成5年判決は、最判平成6年11月22日民集48巻7号1379頁によって破棄されていますが、最高裁は、隠蔽・仮装行為の時期についての判示はしませんでした。

　東京地判平成16年1月30日税資254号順号9542は、「通則法15条2項13号において、重加算税の納税義務が法定申告期限の経過の時に成立すると定められているからといって、重加算税については、法定申告期限までにその課税要件を充たす必要があり、その後において隠ぺい又は仮装の行為に基づき修正申告がされた場合には、重加算税を課すことが許されない、と解することは相当でな」いとし、法定申告期限後の隠蔽・仮装行為であっても重加算税の賦課要件を満たすとしました。控訴審の東京高判平成16年7月21日税資254号順号9703も原審の判断を維持しました。

```
┌─────────────────────────┐
│   隠蔽仮装行為の時期      │
└─────────────────────────┘

┌─────────────────────────────────────────┐
│ 法定申告期限後の隠蔽・仮装行為は対象外か？  │
└─────────────────────────────────────────┘

┌─────────────────────────────────────────┐
│ 法定申告期限後の隠蔽・仮装行為も重加算税の対象となる。│
└─────────────────────────────────────────┘
```

　上記の東京地裁平成16年判決により、法定申告期限後の隠蔽・仮装行為であっても重加算税の賦課要件を満たすものとされました。

　そのため、隠蔽・仮装行為の時期の問題については、判例上は決着がついたものといえます。一方で、重加算税は、「その隠蔽し、又は仮装したところに基づき」申告書を提出したこと（令和6年度税制改正後は、更正の請求書を提出したことも加わります。）や、申告をしなかったことが要件となっていますので、申告行為等の前に隠蔽・仮装行為が実施されているかを確認する必要があります。

8　特段の行動の要件

　以上の要件では、国税通則法第68条の隠蔽行為・仮装行為の解釈を問題としていました。しかし、積極的な隠蔽行為・仮装行為がなく、故意に過少申告を繰り返した事案で、重加算税の賦課要件を満たすかが問題となり、最判平成7年4月28日民集49巻4号1193頁（以下「最高裁平成7年判決」といいます。）は、以下のとおり、重加算税の賦課要件について拡張解釈を判示しました。

1 最高裁平成7年判決

事案の概要

株式等の売買により、以下の所得があった。
S60年　2600万円
S61年　1億0800万円
S62年　2億1000万円

雑所得として申告すべきであったが、申告せず。
税理士からの問い合わせにも、課税要件を満たす所得はないと回答。

取引名義を架空としたり、隠し口座を設けたりはしていない（典型的な事実の隠ぺい、仮装行為はなかった）。

　Xには、株式等の売買により、昭和60年に2600万円余、同61年に1億0800万円余、同62年に2億1000万円余の所得があり、これらの売買の回数及び株数は、いずれの年分についても、有価証券の譲渡による所得のうち継続的取引から生ずる所得として、当時の所得税法及び所得税法施行令が非課税所得から除外する所得の要件を満たしていました。

　Xは、昭和60年分、同61年分及び同62年分の所得税について、Y税務署に確定申告をしましたが、雑所得として申告すべきこれらの売買による所得を申告書に全く記載しませんでした。

　しかし、Xは、取引の名義を架空にしたり、その資金の出納のために隠れた預金口座を設けたりするようなことはしていませんでした。

　Xは、これらの所得を雑所得として申告すべきことを熟知しながら、これらを申告して納税するつもりがなく、その計算すらしていませんで

した。Xは、各年分の確定申告書の作成を顧問税理士に依頼した際に、その都度、Xが株式等の売買をしていることを知っていた同税理士から、株式の取引による所得についても課税要件を満たしていれば申告が必要であると何度も念を押され、これらの所得の有無について質問を受け、資料の提示を求められたにもかかわらず、確定的な脱税の意思に基づいて、税理士に対し、課税要件を満たす所得はない旨を答え、株式等の取引に関する資料を全く示しませんでした。

裁判所の判断

最高裁は、前記2❶の重加算税制度の趣旨を判示したうえで、まず、重加算税の一般的な要件について以下のとおり判示しました。

隠蔽・仮装行為の要件
「重加算税を課するためには、納税者のした過少申告行為そのものが隠ぺい、仮装に当たるというだけでは足りず、過少申告行為そのものとは別に、隠ぺい、仮装と評価すべき行為が存在し、これに合わせた過少申告がされたことを要するものである。」

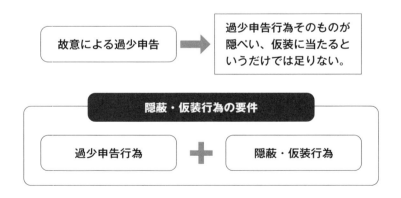

裁判所の判断の続き

次に最高裁は、以下のとおり、隠蔽行為、仮装行為についての拡張解釈を示します。

特段の行動の要件

「しかし、右の重加算税制度の趣旨にかんがみれば、架空名義の利用や資料の隠匿等の積極的な行為が存在したことまで必要であると解するのは相当でなく、納税者が、当初から所得を過少に申告することを意図し、その意図を外部からもうかがい得る特段の行動をした上、その意図に基づく過少申告をしたような場合には、重加算税の右賦課要件が満たされるものと解すべきである。」

特段の行動の要件

| 当初から所得を過少に申告する意図 | | その意図を外部からもうかがい得る特段の行動 |

2 考察

まず、これまでの要件で示したとおり、原則として過少申告行為とは別の隠蔽・仮装と評価すべき行為が存在し、これに合わせた過少申告がされたことが必要としました（以下「隠蔽・仮装行為の要件」といいます。）。そして、それ以外に、積極的な隠蔽行為、仮装行為がなくとも納税者が、当初から所得を過少に申告することを意図し、その意図を外部からもうかがい得る特段の行動をした上、その意図に基づく過少申告をしたような場合には、重加算税の賦課要件が満たされるとしました（以

下「特段の行動の要件」といいます。)。

つまり、重加算税の賦課要件として、「隠蔽・仮装行為の要件」と「特段の行動の要件」があることが明らかにされ、いずれかの要件を満たせば、重加算税の賦課要件を満たすことが明らかにされました。

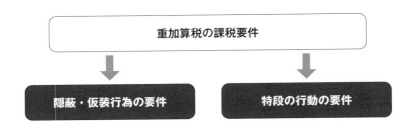

最高裁平成7年判決の最高裁判例解説では、特段の行動の要件を満たす場合について「具体的にどのような場合であるのかについては、事案ごとに諸般の事情を総合考慮して判断すべきであり、今後の事例の積み重ねを待つ必要があるが、例えば、多額の所得があったにも関わらず、これをゼロとし、あるいはそのごく一部だけを作為的に記載した申告書を提出し続けた場合、そのような所得を得た納税者が通常であれば保管しておくと考えられる原始資料をあえて散逸するにまかせていた場合、税務調査に対する非協力、虚偽答弁、虚偽資料の提出等の態度を採った場合などがこれに当たり得ると思われる[13]」とされています。

3 類型[14]

(1) 複数年度にわたる過少申告

最高裁平成7年判決同様、複数年度にわたる過少申告をしている事例で、その他の事情も考慮した上で、特段の行動の要件を満たすとした事

---

13 近藤崇晴「判解」最判解民事篇平成7年度(上)(1998)482頁
14 拙稿「重加算税—特段の行動の類型—(下)」税理59巻8号(2016)77頁以下参照

例は多数あります。下記の事例では、複数年度にわたる過少申告のみで特段の行動の要件を満たすとしたわけではなく、むしろ他の要素を特段の行動として指摘するものも多くあります。そのため、複数年度にわたる過少申告とどのような行動を指摘されて重加算税の賦課決定処分がされているかを紹介し、特段の行動の要素をみていきます。

ア　7年間の過少申告（東京地判平成27年2月24日税資265号順号12607（控訴審（東京高判平成27年8月5日税資265号順号12707)も判断を維持))（所得税）

　不動産賃貸業を営むXが、不動産を賃貸し、賃料収入を得ていたにもかかわらず、不動産所得の金額を除外して所得税の過少な申告をしたとして、平成15年分から平成21年分までの所得税に係る重加算税賦課決定処分がされた事案です。

　裁判所は、①Xが賃料を受け取ったり、督促していたことから不動産収入が相当程度あることを認識していたにもかかわらず、不動産所得を申告していなかったこと、②目算で申告をしたと述べるなど、適切に申告する意思のないまま確定申告をしていたこと、③真実と異なる賃貸名義人とした賃貸借契約があったこと、④契約期間が満了した契約書を破棄していたこと、⑤不動産の維持管理に係る経費に関する領収証を保存せず破棄していたこと、⑥本件賃料収入に係る収支明細及び総勘定元帳などの帳簿書類は作成・保存していなかったことなどを指摘して、不動産賃貸を業とする者が適切に納税をしようとするならば行わないような種々の行為に出ているとし、以上の事情を総合すれば特段の行動の要件を満たすとしました。

特段の行動の要素として考慮された事実
①多額の不動産収入を認識しながら、不動産所得を申告しなかったこと

第1章　判例による重加算税の賦課要件　41

②適切に申告する意思のないまま確定申告をしていたこと

③真実と異なる賃貸名義人とした賃貸借契約があったこと

④契約期間が満了した契約書を破棄していたこと

⑤領収証を保存せず破棄していたこと

⑥帳簿書類を作成・保存していなかったこと

　これらをみると、「○○をしなかった」という不作為が考慮されていることがポイントといえます。

イ　5年間の過少申告（名古屋地判平成13年9月28日税資251号順号
　　8986（所得税））

　専らぶどうの栽培、販売を営むXは、15反程度のぶどう農園を所有して、巨峰及びデラウエアを栽培していました。Xの所得税について、平成3年分、平成4年分及び平成7年分ないし平成9年分について重加算税の各賦課決定処分がされた事案です。なお、平成5年分と平成6年分について、税務署長は、重加算税の額が極めて少額となるという理由で過少申告加算税のみを課したとしています。

　裁判所は、①Xは税金を少なくする目的をもって、必要経費についてはノートに記録し、収入についてはあえて帳簿を作成していなかったこと、②税務申告について相談していた知人から、売上げに関する書類の提出を求められながら、これに全く応じようとはしなかったこと、③根拠のない過少な売上金額を指示し、必要経費については前記ノートの金額を集計して計算した収支内訳書を作成させ、これに基づいて確定申告したこと、具体的には、当該年度分の直売場収入について、いずれも税額を少なくする目的で、前年の申告やぶどうの作柄、残った貯金等を総合勘案して真実の収入よりも少ない適当な金額で確定申告をしていたこと、その際、Xは、税務調査を避ける意図で、1反当たりの売上げが巨

42

峰で95ないし100万円、デラウエアで50万円くらいになるよう直売場収入に係る申告額を調整していたことを指摘して、特段の行動の要件を満たすとしました。

> **特段の行動の要素として考慮された事実**
> ①収入についてはあえて帳簿を作成していなかったこと
> ②申告を相談した知人から、売上げに関する書類の提出を求められながら、応じなかったこと
> ③根拠のない過少な売上金額を指示した収支内訳書を作成させ、これに基づいて確定申告したこと

　①と②については不作為が取り上げられています。

ウ　4年間の過少申告（東京地判平成11年1月22日税資240号40頁（控訴審（東京高判平成11年8月30日税資244号432頁）も判断を維持）（所得税）

　質屋業を営むXの平成元年分ないし平成5年分の所得税の申告について、貸付金の利息及び損害金にかかる雑所得が計上されていないことなどを理由として、重加算税の賦課決定処分された事案です。なお、平成元年分の重加算税の賦課決定処分は、審査裁決で全て取り消されています。

　裁判所は、①Xの第三者に対する金銭の貸付け経験や貸付けに関する資料の保存状況等から、Xは金銭の貸付けに関する法律知識を十分に有しており、Xは貸金利息等が発生していることを認識していたこと、②Xは殊更に金銭の貸付け関係の記載を一切記載せず、貸金利息等に係る所得を除外した虚偽の内容の申告書を作成して提出したこと、③税務調査に際しても調査官から貸付相手の指摘を受けて一部の資料を開示したにとどまり、あいまいな回答を続けたことなどから、特段の行動の要件

を満たすとしました。

> **特段の行動の要素として考慮された事実**
> ①Xは貸金利息等が発生していることを認識していた
> ②Xは金銭の貸付け関係の記載を一切記載しない申告書を作成して
> 　提出した
> ③税務調査での非協力

　貸付けについての申告書への不記載と税務調査での非協力といういずれも不作為が要素としてあげられています。

エ　2年間の過少申告（横浜地判平成11年4月12日税資242号86頁）（所得税）

　Xは、スナックを経営して事業所得を得つつ、不動産を第三者に賃貸し、不動産所得を得ていました。Xの平成3年分及び平成4年分の所得税について、重加算税の賦課決定処分がされた事案です。

　裁判所は、「納税者が自己の委任している税理士に帳簿等を秘匿する行為も右の場合（注：特段の行動）に含まれると解するのが相当である。」とし、理由として「税理士は、税務に関する専門家として、独立した公正な立場において納税義務の適正な実現を図ることを使命とするものであり（税理士法1条）、納税者が課税標準等の計算の基礎となるべき事実を隠ぺい又は仮装していることを知ったときは、その是正をするよう助言する義務を負うものであって（同法41条の3）、納税者から正しい帳簿等が提出されればそれに従い正しく税務申告をしたはずであるから、納税者がこのような職責を負う税理士に提出すべき帳簿等を提出しないことは、重加算税の賦課要件を検討するに当たって、無視し得ないからである」としました。

```
┌─────────────────────────────────────────────┐
│ 納税者が自己の委任している税理士に帳簿等を秘匿する行為 │
└─────────────────────────────────────────────┘
                     ↓
         ┌─────────────────────┐
         │   特段の行動に含まれる   │
         └─────────────────────┘
```

　以上の一般論を判示したうえで、裁判所は、事業所得については、Xは、①スナックの売上金額に関する唯一の原始資料である売上伝票を破棄し、整理簿及び売掛帳の記帳内容の検証を著しく困難にしたこと、②顧問税理士から、毎年決算の際に、あらかじめ収入金額や必要経費に係るすべての書類を持参するよう指示されていたにもかかわらず、提出した書類がXの事業所得に係るすべてのものであり、売上金額は整理簿に記入した以外にはない旨の虚偽の申立てを行い、掛売り分の売上げを記載した売掛帳とその回収口座にしていた預金通帳を秘匿したことから、特段の行動の要件を満たすとしました。

> **特段の行動の要素として考慮された事実（事業所得）**
> ①売上金額に関する唯一の原始資料である売上伝票を破棄した
> ②税理士の質問に虚偽の回答をした
> ③税理士に預金通帳を秘匿した

　裁判所は、不動産所得については、Xは、不動産を賃借して第三者に転貸するに際し、①休眠会社の名義で賃借することにしたこと、②転借人からの賃料をX名義の普通預金口座に振り込ませて、これを自己の借入金の返済等に充てていたにもかかわらず、③これによる収入を顧問税理士に告げずに秘匿していたことなどから、特段の行動の要件を満たす

としました。

> **特段の行動の要素として考慮された事実（不動産所得）**
> ①休眠会社の名義で賃借した
> ②転借人からの賃料をX名義の普通預金口座に振り込ませて、借入
> 　金の返済等に充てていた（認識あり）
> ③顧問税理士に告げずに秘匿していた

　税理士への秘匿行為を特段の行動として重視しているものと思われます。

オ　小括

　上記を概観すると、最高裁判例解説で指摘されていた原始資料の破棄、税務調査に対する非協力、虚偽答弁などがその要素として挙げられているほか、帳簿を作成保存していないなどの不作為が特段の行動の要素として考慮されているものといえます。

（2）帳簿の操作

　法人税に係る単年度の過少申告の事案で故意による帳簿の操作をもって、特段の行動の要件を満たすとした事例が複数あります。

ア　横浜地判平成21年8月26日税資259号順号11261（控訴審（東京高判平成22年1月27日税資260号順号11371））（法人税）

　X社が自動車整備士の資格を有するAに対し、X社が運送業に使用する車両（本件各車両）の修理を行わせ、支払った金員776万円を備車費勘定に計上しましたが、事業年度末である平成16年3月に備車費勘定から、Aに支払った金員とほぼ同額の770万7620円を、X社の代表者が設立し、Aが取締役を務めるB社に対する貸付金として振替計上しました。また、X社は、上記の経理処理を行った直後、修繕費勘定に本件各車両

の修理に係る費用合計3732万2460円をB社に対する修理代金として計上し、修理代金に係る消費税等相当額を仮払消費税勘定に計上しました。上記の一連の経理処理が重加算税の要件を満たすとして重加算税の賦課決定処分がされた事案です。

裁判所は、Aは、実質的にX社の役員あるいは従業員として各車両の修理を行ったと認定した上で、Xは、決算期になって税負担の回避を図ることを意図し、実体のない修理代金を修繕費に計上するとともに、修繕費計上と矛盾を生じさせないために各車両の修理を行ったAに対して支払った給与相当額をB社に対する貸付金に振り替えたものと推認できるとし、このような経理処理は、税額を過少に申告するというX社の意図を外部からもうかがい得る特段の行動であると認めることができるとしました。

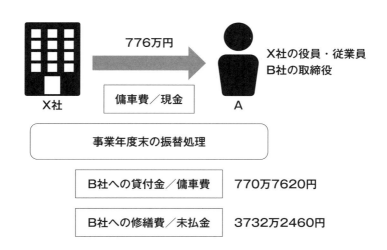

イ　東京地判平成20年10月31日税資258号順号11068（控訴審（東京高判平成21年4月23日税資259号順号11187））（法人税）
　電気機械器具等の販売及び電気工事の設計施工等を営む同族会社であ

るA社と架線金物及び機械工具の販売並びに輸出入貿易業務等を営む同族会社であるB社の法人税の申告について、それぞれ重加算税賦課決定処分がされた事案です。

　裁判所は、A社について、A社が完成工事収入金額が1億1494万1180円であることを認識し、いったんは、当該金額をデータに入力しながら、法人税の負担を軽減するため、入力したデータから2000万円を減額し、その改変したデータの金額に基づいて、帳簿書類を作成した上、法人税の確定申告書を提出したとして、その数額の改変はデータの改ざんと評価されるべきものであり、これらの一連の行為は、特段の行動の要件を満たすとしました。

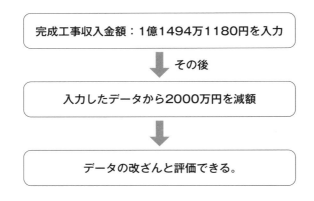

　裁判所は、B社について、投資契約の中途解約による投資収益を一括計上すべきことを認識しながら、当該事業年度に収益の全額を一括計上すると多額の法人税の負担が生ずることから、当該事業年度の法人税の負担を軽減するため、リース個別台帳に投資契約が中途解約された事実を記載せず、中途解約されていないのと同様に残存契約年数で按分した収益の額のみを当該事業年度の帳簿書類に分割計上し、これに基づき法人税の確定申告書を提出したとし、これらの一連の行動は特段の行動の

要件を満たすとしました。

```
┌─────────────────────────────────────────────┐
│ 中途解約により投資収益を一括計上すべきと認識 │
└─────────────────────────────────────────────┘
                    ↓
┌─────────────────────────────────────────────────┐
│ リース個別台帳に中途解約した事実を記載しなかった（不作為）。│
└─────────────────────────────────────────────────┘
```

　なお、控訴審判決は、上記のA社とB社の行為は帳簿書類の虚偽記載であり、隠蔽行為又は仮装行為に該当するとしています。

ウ　小括

　上記の事例を概観すると、法人においては、単年度の過少申告であっても故意に帳簿の数字を操作した場合は、特段の行動の要件を満たす可能性が高いといえるでしょう。また上記（1）と同様に不作為が特段の行動として考慮されていることが分かります。

　最判平成6年11月22日民集48巻7号1379頁の最高裁判例解説では「納税者が法人である場合には、確定申告に際して、当該事業年度の貸借対照表、損益計算書等を添付しなければならず（法人税法74条2項）…このような場合、事実に反する計算書類、証拠書類の作成は、隠ぺい又は仮装に当た[15]」るとしており、法人においては、事実に反する計算書類の作成が隠蔽又は仮装に当たると解しています。

　株式会社においては、貸借対照表や損益計算書等の各事業年度に係る計算書類の作成が義務付けられており（会社法435条2項、会社計算規則59条1項）、これらの計算書類は、監査役設置会社においては監査役の監査が義務付けられ（会社法436条1項）、また、取締役会設置会社に

15　川神裕「判解」最判解民事篇平成6年度（1997）593頁

おいては、取締役会の承認を受けなければならないとされ（会社法436条3項）、さらに、定時株主総会の承認を受けなければならないとされ（会社法438条2項）、貸借対照表については公告が義務付けられています（会社法440条1項）。また、持分会社においても、各事業年度に係る貸借対照表及び損益計算書等の計算書類を作成しなければならないとされています（会社法617条2項、会社計算規則71条1項）。したがって、株式会社ないし持分会社である法人においては、計算書類の作成は申告とは全く別の義務として存在します。そのため、これらの法人においては、事実に反する計算書類の作成は、過少申告行為そのものとは別の隠蔽、仮装と評価すべき行為に該当すると解されます。

　ただし、勘定科目ごとの金額がただちに前記**4**の国税の課税標準等又は税額等の計算の基礎となるべき「事実」に該当するか否かは検討を要します。例えば勘定科目の売上であれば、一般的に使用される用語でもあり、売上の虚偽記載は、事実の隠蔽、仮装といった評価になじみやすいですが、寄附金を特別損失と記載した場合に事実の仮装といえるかについては、疑問が生じます。ある支出が寄附金に該当するか、特別損失に該当するかは専門的な評価であり、「事実」とは異なると思われるためです[16]。

会計帳簿の虚偽記載は「事実」の隠蔽・仮装か？
▶勘定科目ごとの金額は事実か？
▶寄附金を特別損失と評価した場合は、事実の仮装か？

　上記**イ**東京地判平成20年10月31日税資258号順号11068では、特段

16　東京高判平成18年1月24日税資256号順号10276参照。同判決を批判的に検討したものとして、拙稿「重加算税―事実の隠ぺい・仮装と税法上の評価誤り（下）―」税理59巻15号（2016）147頁以下

の行動の要件で判断したのに対し、控訴審の東京高判平成21年4月23日税資259号順号11187は隠蔽行為又は仮装行為の要件で判断したのは、この勘定科目ごとの金額を国税の課税標準等又は税額等の計算の基礎となるべき「事実」としてよいかという問題意識が影響した可能性があります。

（3）相続財産の名義変更等と税理士への秘匿

　相続税に係る過少申告の事案で特徴的だったのが、相続財産の名義変更等をしているにもかかわらず、税理士に対して当該相続財産を秘匿したことをもって、特段の行動の要件を満たすとした事例です。以下で概観します。

ア　裁決平成17年6月13日裁事69集46頁（相続税）

　審判所は、Xが本件預金が相続財産であることを熟知しながら（本件預金が2億円以上であり、被相続人の預金総額の55.8%であることなどの事実から認定されています。）、申告書に預金を記載しなかったこと、さらに妻に指示して残高証明書を入手していたにもかかわらず、これを税理士に提供することなく、また遺産分割協議の際及び税理士から当初申告の内容について説明を受けた際に、本件預金の漏れを是正する機会が再三あったにもかかわらずこれを是正することなく、本件預金の存在を同税理士に対して秘匿したことから、特段の行動の要件を満たすとしました。

> **特段の行動の要素として考慮された事実**
> ①本件預金が相続財産と認識しながら、申告書に記載しなかった
> ②残高証明書を取得していながら、税理士に提供しなかった
> ③遺産分割協議、税理士から申告の説明を受けた際に、申告漏れを是正することが可能であるのに、しなかった

④本件預金の存在を税理士に秘匿した

　なお、審判所は、Xが、相続開始日前に本件預金口座から2千万円を引き出す手続きをし、相続開始日後に被相続人の代理として当該現金を受け取ったことを認定しています。

イ　裁決平成18年11月16日裁事72集41頁（相続税）

　審判所は、①Xが相続税申告書の作成依頼先である税理士から資料の提出を指示されていたのであるから、税理士に相続財産を示す適切な資料を提供するべき立場にあったこと、②Xが投資信託は相続財産と確実に認識していたこと、仮に一時的に投資信託について税理士に資料を渡したかどうかを意識しないことがあったとしても、③Xは、四半期ごとに取引残高明細書が送付されたとき、投資信託の出入庫等の取引、遺産分割協議のとき、遺産分割協議書の作成のときに、いずれも投資信託の存在を意識しており、税理士に対して資料を提示できたにもかかわらず残高明細書を提出しなかったことから、特段の行動の要件を満たすとしました。

特段の行動の要素として考慮された事実
①税理士から指示を受けて、相続財産を示す適切な資料を提供するべき立場にあった
②投資信託が相続財産と確実に認識していた
③以下のタイミングで投資信託を相続財産と意識し、税理士に伝えることができたのに、伝えなかった
　▶四半期ごとに取引残高明細書が送付されたとき
　▶投資信託の出入庫等の取引のとき

> ▶遺産分割協議のとき
> ▶遺産分割協議書の作成のとき

ウ 小括

相続財産である預金の引き出しや名義変更をもって、相続財産であることを認識していた根拠とし、相続財産と認識したうえで、税理士に対する虚偽答弁ないし資料の秘匿行為によって特段の行動の要件を満たすという評価をしています。

ただし、後述のとおり、最近の裁決では、相続開始後に相続財産の解約や名義変更をしていても、税務調査において指摘を受けてすぐ提示しているような場合は、過失によって申告から漏れたものとして重加算税の賦課決定処分が取り消された事例が複数あります。上記の事案と取消事例を比較し、解約や名義変更をしていたとしても過失によって申告から漏れたのではないか、税理士との受け答えや税務調査対応から見ても故意に隠したとは言えないのではないかなどの点を十分に検討する必要があります。

（4）税務調査における虚偽の説明等

税務調査において虚偽の説明を行った場合、税理士に対する虚偽答弁とあいまって、税目にかかわらず、特段の行動の要件を満たすと評価される傾向にあります。

ア 山口地判平成11年4月27日税資242号436頁（法人税）

X社が、A社との約定に基づき、X社の代表取締役であるBがA社から購入した本件船舶の購入代金につき債務引受をしたところ、同代金債務の一部である5193万9888円の支払債務を免除（以下、「本件債務免除」という。）されたにもかかわらず、これを益金の額に計上することなく、法人税の確定申告書を提出したところ、Y税務署長が重加算税の賦課決

第1章 判例による重加算税の賦課要件　53

定処分をした事案です。

　裁判所は、X社が以前に本件船舶の未払金の一部免除を受けた際に雑収入に債務免除益を計上したことがあり、またX社にとって本件船舶の債務免除を受けることは重大な関心事であることから、①X社は、債務免除を受けた事実及び雑収入として計上すべきことを十分認識していたこと、②税理士の指示に従わず、未払金の残高証明書を取得しなかったこと、③税理士に対し債務免除を受けた事実を報告せず、未払金が存在するかのような虚偽の答弁をしたこと、④税務調査でも、反面調査が行われるまで、未払金が存在するとの虚偽の説明をし、資料を提示しなかったことから、特段の行動の要件を満たすとしました。

> **特段の行動の要素として考慮された事実**
> ①債務免除を受けた事実及び雑収入として計上すべきことを十分認識していた
> ②税理士に指示に従わず、未払金の残高証明書を取得しなかった
> ③税理士に対する虚偽答弁
> ④税務調査での虚偽説明、非協力

イ　裁決平成23年9月27日裁事84集47頁（相続税）

　Xが、被相続人名義の預金口座から出金し、現金として保管していた金4219万9348円が相続税の申告から漏れていたとして重加算税の賦課決定処分がされた事案です。

　審判所は、Xが当該現金を被相続人宅の寝室のたんす内に保管していたこと、当該現金が相続財産であることを認識していたこと、自らが保管しているにもかかわらず、税理士に対して被相続人の保有していた現金の残高は10万円であると虚偽の説明を行ったことから、特段の行動

の要件を満たすとしました。Xが、税務調査において、相続開始日に現金は50万円しかなかったと虚偽答弁した事実は、Xに過少申告の意図があったことを裏付ける事実であるとしました。

> **特段の行動の要素として考慮された事実**
> ①当該現金が相続財産であることを認識していた
> ②税理士に対する虚偽説明
> ③税務調査での虚偽答弁

ウ　小括

　税務調査における虚偽の説明や答弁については、最高裁判例解説でも特段の行動の要件を満たす場合として挙げられており[17]、また、上記のとおり、判決や裁決においても特段の行動の要件を満たすと判断する上で重視されています。後述する取消事例においては、税務調査に協力的であることや虚偽の答弁をした事情がないことなどが、特段の行動の要件を満たさない根拠として挙げられており、特段の行動の要件の判断における重要な要素といえます。

（5）税理士に対する虚偽説明・答弁

　Xが、税理士に相続税の申告について相談・依頼した時点では過少申告の意図があったことは争いがなかった事案ですが、裁判所は、税理士に対して相続財産を秘匿した行為をもって、特段の行動の要件を満たすとした事案があります。

ア　福岡地判令和元年10月30日税資269号順号13334（相続税）

　Xは、被相続人Aから4645万3676円を預り管理しており（本件預け

17　近藤崇晴「判解」最判解民事篇平成7年度（上）（1998）482頁

金）、またAから1億0164万3205円の生前贈与（本件贈与金）を受けて
いましたが、これらを相続財産に含めずに相続税の申告をしたため、重
加算税の賦課決定処分がされた事案です。

　裁判所は、Xが遅くともD税理士らに本件預け金及び本件贈与金の存
在に触れずに相続税の申告について相談・依頼した時において、本件相
続に係る相続税について過少申告の意図を有していたとしたうえで、D
税理士から、本件相続開始前3年以内に贈与を受けたものは相続財産に
加算しなければならない旨の説明を受け、Aの相続財産やAから3年以
内に贈与を受けた財産の明細等をまとめた資料を提出するよう求められ
たにもかかわらず、D税理士に対し、Aから3年以内に受けた贈与はな
い旨を回答して、本件預け金及び本件贈与金の記載のないAの預貯金等
の財産の一覧表を提出し、これらの金員が入金されているX名義の普通
預金口座及び定期預金口座の残高証明書も提出しなかったことから、特
段の行動の要件を満たすとしました。

特段の行動の要素として考慮された事実
①税理士から資料の提出を求められていたにもかかわらず、税理士
　に対し虚偽説明をし、資料の提出をしなかった

イ　小括

　過少申告の意図があったことは争いがなかった場合ではありますが、
前記ア（エ）の横浜地判平成11年4月12日税資242号86頁も税理士に
対する帳簿等の秘匿行為は特段の行動に含まれるとしており、当該判決
と軌を一にするものと理解できます。

（6）貸倒損失の外観作出

　所得税に係る単年度の過少申告の事案で、納税者が貸倒損失の時期を

仮装したとして、特段の行動の要件を満たすとした事案があります。

ア　名古屋地判平成25年11月14日税資263号順号12334（所得税）

　貸金業を営むXの所得税について、必要経費に算入していた貸倒金に関して、重加算税の賦課決定処分がされた事案です。

　裁判所は、XがAに対して有する貸付金債権（本件債権）につき、①平成10年9月25日の弁済を最後にAが警察に逮捕されて行方不明となったため、回収の見込みが全くなくなったこと、②Xも回収の見込みはないと認識し、未収利息を収入として計上することもなく放置してきたこと、③Xは、株式の売却によって平成20年中に多額の収入が得られる見込みとなったことから、本件債権を思い出し、同年中に貸倒金として処理することにより同年分の所得を減少させることを企図したこと、④Xは平成20年6月30日にAに対する訴訟を提起し、予想に反して第一審で請求棄却の判決を受けたため、控訴するとともに、同年12月20日、Aに届くはずがないと知りながら、債権放棄通知書をAの最終住所地に投函する方法により、Aに対して有していた本件債権の全部を同日付で放棄するとの意思表示をしたかのような体裁を整え、本件債権が平成20年内に新たに貸倒れとなったかのように装ったとして、特段の行動の要件を満たすとしました。

特段の行動の要素として考慮された事実

①平成10年ころ、本件債権の回収の見込みがなくなった

②本件債権の未収利息を収入として計上せず、放置してきた

③平成20年中に多額の収入が得られる見込みとなったことから、同年中に本件債権を貸倒金として処理することにより同年分の所得を減少させることを企図した

④Xは平成20年6月30日にAに対する訴訟を提起したり、債権放棄

通知書をAの最終住所地に投函するなどし、Aに対して有していた本件債権の全部を同日付で放棄するとの意思表示をしたかのような体裁を整え、本件債権が平成20年内に新たに貸倒れとなったかのように装った

イ 小括

上記判決は、XがA相手に訴訟を提起して、判決を得ること、Aに対する債権放棄をすることは、いずれも事実であり、何らの事実の隠ぺい・仮装をともなうものではありません。しかし、10年前に貸倒れを認識し、未収利息の計上もしていないにもかかわらず、訴訟を提起し、訴訟係属中に当該債権の放棄をしていることは、一般的な訴訟の目的が債権回収であることからすると、明らかに不合理な行動であり、これらの行動の目的は、当該年度に貸付金債権が貸倒れになったかのような外観を整えて税額を過少にするためと認められます。そのため、これらの行動が、過少申告の意図を外部からもうかがい得る特段の行動と評価されたものと思われます。本件は、事実関係全体をみて、過少申告の意図を伺わせる特段の行動と判断されたものと整理できます。

9 まとめ

以上、裁判例から重加算税の要件を整理してきました。これらの要件を図示すると序章2・3頁で示したとおりとなります。

第2章では、重加算税の賦課決定処分を取り消した判決、裁決を取り上げ、上記で整理した要件ごとに検討していきます。

取消事例の検討

　重加算税が、裁判所又は国税不服審判所で取り消された事例を検討し、税務署が適法と判断した重加算税の賦課決定処分が取り消されるポイントを分析します。

1 事実の隠蔽行為、仮装行為とは認められなかった事例

1 所得税

（１）譲渡代金の第三者名義への入金 （大阪地判昭和51年2月5日税資87号279頁）

事案の概要

　Y税務署長は、Xが昭和36年における譲渡所得について、家屋売却による収入金をXの三男A名義の普通預金に入金し、同年分の確定申告書には意識的にこれを除外していたとして重加算税の賦課決定処分をしました。なお、Xは事業所得においても、架空名義を用いて収入を隠蔽していたとして重加算税の賦課決定処分を受けており、事業所得については重加算税の賦課決定処分は適法と判断されています。

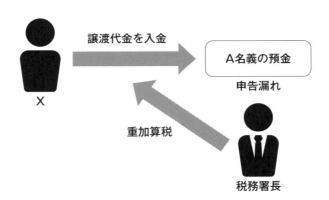

裁判所の判断

A名義の普通預金口座への入金

譲渡所得については、家屋の譲渡による収入金を息子のA名義の普通預金に入金し確定申告書から除外していたというだけであり、この事実のみをもってしては未だ所得を隠蔽仮装したということができない。

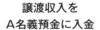

この事実のみでは所得を隠蔽仮装したということはできない。

コメント

譲渡所得については、家族名義の預金口座に譲渡収入を入金して、申告から除外しただけでは隠蔽・仮装行為には該当しないと判断したものです。家族名義の口座に入金し、過失によって申告から漏れた場合と客観的には変わらない点が考慮されたものと思われます。合理的な理由もなく、他人の預金を利用して、その分について申告金額から除外した場合は、隠蔽・仮装行為と評価することも可能とする見解もあります[18]。本件については、故意があったとは認められないため、隠蔽仮装したということはできないとしたとも理解できます。

18　品川芳宣『附帯税の事例研究』(財経詳報社、2012) 355頁

家族名義の預金口座に収入を入金して申告から除外しただけでは、隠蔽・仮装行為に該当しない。

(2) 税務調査に対する非協力的態度 （横浜地判昭和53年3月13日判タ366号287頁）

事案の概要

Y税務署長は、建設業を営む白色申告者であるXの以下の行為が隠蔽行為に該当するとして重加算税の賦課決定処分をしました。

調査非協力

調査担当者が調査に際して、10回にも亘りXまたはXの妻等に面接し、所得の計算に必要な帳簿書類の提示を求め、種々質問を行ったのに対して、帳簿書類を提示せず、面接の都度調査時間を30分間に限定し、質問には一切応答せず、また、調査担当者の発言を録音するためにテープレコーダーを持ち出すなど、調査忌避あるいは調査の延引を意図した態度をとり続けた。

証憑の提出遅延（調査）

銀行や得意先等に対する反面調査がほぼ終了する時期に至り、ようやく昭和40年分の工事収入にかかる請求書控の一部を提示してきたが、その際も、調査担当者の質問に対して、虚偽の答弁をし、その他の質問にも曖昧な応答を繰り返し、積極的な協力をしなかった。

税務調査による取引銀行等の判明

調査の結果、Xは、M銀行K支店にXおよびXの父名義の普通預金を有し、得意先から収入した小切手等をこれに預入していたこと、一般工事を昭和39年後半から始めていた事実が明らかになった。

証憑の提出遅延（訴訟）

Xは、本訴に至り、調査時に保存していないと主張して提示しなかった昭和38年分、同39年分の雑工事収入にかかる請求書控を提出した。

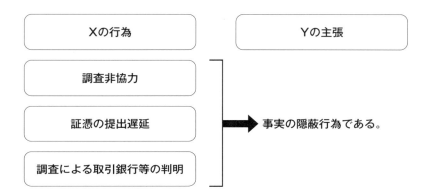

裁判所の判断

調査の非協力について

　Xは、本件係争年当時においては未だ大工として独立して間もない頃で税務申告等にうとく、白色申告者で帳簿書類の備付け、記帳等を行っておらず、また領収証等の原始記録の整理、保管も十分でなかった（このようなことは、Xと類似の大工等においてはありふれたことであったと推察される。）ところでもあり、税務調査に対し、非協力的な態度であった事実のみをもって、Xが、昭和38年ないし40年分所得税の申告に関し、通則法68条1項、2項所定の「課税標準等又は税額等の計算の基礎となるべき事実の全部又は一部を隠ぺいし、又は仮装し、その隠ぺいし、又は仮装したところに基づき納税申告書を提出した（昭和39年および40年分につき）、あるいは右に基づき法定申告期限までに納税申告書を提出しなかつた（昭和38年分につき）。」との事実の存在までを推認することはできない。

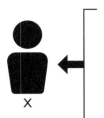

- 大工として独立して間もなかった
- 税務申告等にうとかった
- 白色申告者であった。
- 帳簿書類の備付け、記帳等を行っていなかった。
- 領収証等の原始記録の整理、保管も十分でなかった

(当時)Xと類似の大工等においてはありふれたことであった。

裁判所の判断

税務調査に対する非協力的な態度のみで隠蔽・仮装行為等の存在を推認できない。

!コメント

　当時の独立直後の大工の一般的な状況から見て、税務調査に対する非協力があったからといって、隠蔽・仮装行為等の存在を推認できないとしました。当時の状況から税務調査に対する非協力のみでは隠蔽行為・仮装行為とはいえないと判断したものといえます。

裁判所の**判断**の続き

取引銀行の秘匿ついて

　昭和38年および昭和40年については、XがS銀行K支店以外に取引銀行を有していたことを認めるに足りる証拠はなく、かつ昭和39年にしても、Oからの収入(小切手)を父親名義の口座に預入れているのは、9月に2件、12月に1件金額合計13万9000円のみであって、昭和38年と昭和40年においては上記のような事実が認められない(なお、昭和39年についても、XがM銀行K支店に自己名義の普通預金口座を有していたとの事実を認めるに足りる証拠はない。)ことに徴しても、上記が果たして前示の「事実を隠ぺいし、又は仮装」する意図の下に

なされたものであるか疑いが残る。

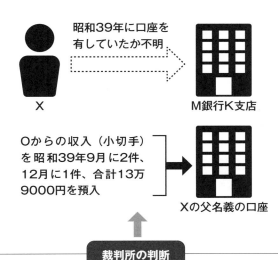

!コメント

　父親名義の口座に収入が入っていたことは認められましたが、事実を隠蔽し、又は仮装する意図の下になされたものか疑問が残るとしました。隠蔽行為、仮装行為の意図を要件としたものと理解できます。

　裁判所は、上記の事実を指摘した上で、結論として、調査非協力の事実を総合しても重加算税の要件を満たすものとは認められないとしました。特段の行動の要件が示されていない時代の判決にはなりますが、隠蔽・仮装行為の意図を問題としたものと理解できます。

> **取消のポイント**
>
> 税務調査に対する非協力的な態度のみで隠蔽・仮装行為等の存在を推認できない。

2 法人税

(1) 売上の計上漏れ （東京地判昭和48年8月8日判時720号26頁）

事案の概要

X社の昭和42事業年度（昭和42年3月1日より昭和43年2月28日までの事業年度）において、A小学校ほか4件に対する売上額の繰延計上により149,840円の売上計上漏れがあったとし、Y税務署長が、当該売上の計上漏れについて重加算税の賦課決定処分をしました。

裁判所の判断

売上の繰延計上

昭和42事業年度における売上計上漏れ149,840円は売上額の繰延計上額であるというのであるから、それのみで所得の仮装または隠ぺいにあたると解するのは困難である。

売上の計上漏れ（繰延計上）

裁判所の判断

それのみで所得の仮装または隠蔽にあたると解するのは困難である。

！ コメント

　判決文からは、Y税務署長が売上の計上漏れについて何をもって隠蔽行為、仮装行為としたのか不明でした。実務においても単に売上の計上漏れがあったというだけで隠蔽行為、仮装行為があったと認定するのは困難ですので、隠蔽行為や仮装行為が何であるのかを特定することが重要であるといえます。同様に売上の一部を翌期に計上したことが隠蔽行為・仮装行為に当たるかが争点となり、取り消された事例として裁決平成12年11月15日裁事60集148頁があります。

取消のポイント

売上の計上漏れだけでは隠蔽・仮装行為に該当すると解するのは困難である。

（2）府民税と繰越欠損金の計上 （大阪地判昭和54年10月16日税資109号26頁）

事案の 概要

　X社が、その所有する賃貸不動産の賃料収入を計上していなかったこと、法人税法の規定上損金にならない府市民税を損金に算入していたこと、青色申告の承認を取り消された事業年度の確定申告において繰越欠損金を計上していたことについて、Y税務署長が、法人税額計算となるべき事実を隠ぺいしたものであるとして重加算税の賦課決定処分をしました。

第2章　取消事例の検討　67

裁判所の判断

隠蔽・仮装の事実

不動産部収入（注：賃料収入）については隠ぺい、仮装があったとは認められないし、府市民税についてはその性質上法の不知にもとづくものと解されるし、繰越欠損金については、申告当時には青色申告承認を受けていたものであるから、その当時としては仮装隠ぺいに基づき申告したものということはできない。

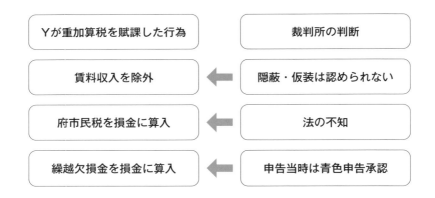

コメント

賃料収入については、何をもって隠蔽仮装としたのか、Y税務署長の主張をみても判然としません。府市民税については、法の不知により誤って計上したものとして、隠蔽とは認めませんでした。繰越欠損金についても申告当時青色申告の承認を受けていたのであれば、重加算税が問題となること自体疑問のある処分であったといわざるをえません。本件では、他の事業収入についての隠蔽仮装行為が認められ、その重加算税賦課決定処分は適法とされています。他方で、賃料収入の計上漏れや誤った損金計上については、Y税務署

長が重加算税の賦課要件について十分な検討をしないで処分がされたものといわざるをえません。

　重加算税は、隠蔽仮装行為とそれに基づく申告がされているか、それぞれの益金や損金と照らし合わせて個別に検討することがポイントになるといえます。

> ☝ **取消のポイント**
>
> **隠蔽仮装行為とそれに基づく申告の益金又は損金を個別に検討する。**

（3）利息の計上漏れ （東京地判昭和55年6月25日税資113号806頁）

事案の 概要

　X社は昭和44年度（昭和43年10月1日から昭和44年9月30日までの事業年度）中に、A銀行B支店に設定していた二口の定期預金から利息収入を得ていましたが、これらを帳簿に計上していませんでした。また、X社は修正申告において収入を計上する際、その収入金額を期中の普通預金等の増減等により算出しましたが、C信用金庫の普通預金（D名義）の昭和44年9月期末の残高が1,854,930円であるのにこれを1,834,930円と計上し、差額20,000円の売上を計上しませんでした。Y税務署長は、これらの収入について、帳簿に計上しなかったことが仮装隠蔽であるとし、さらに別途収入については、D名義の仮名預金によって売上を脱漏して所得を仮装隠ぺいしたとして重加算税の賦課決定処分をしました。

第2章　取消事例の検討　69

申告漏れ	Yの主張する隠蔽行為
利息と別途収入	帳簿に記載しなかった。
別途収入	売上の利益を仮名口座に入金していた。

裁判所の **判断**

利息の計上漏れ

　X社が修正申告において二口の定期預金を計上するに至ったのは
X社がYから税務調査を受けた際、簿外の所得に対応する資産を追
求されたためX社の代表取締役らが協議した結果、昭和44年度の法
定申告期限（昭和44年11月30日）後の昭和45年6月25日に提出し
た修正申告書においてX社の資産として計上するに至ったものであ
ること、aの定期預金はX社が設立される以前にEが無記名扱い定期
預金として設定したものであること、bの定期預金は昭和43年6月
26日無記名扱い定期預金として設定され、その後昭和45年8月20
日E名義に変更されていることが認められ、これらの事実に照らす
とbの定期預金についても元来はEが個人として設定した可能性を
否定し得ないところ、これに前記の修正申告書における計上の経緯
を勘案すると、上記二口の定期預金が昭和45年6月25日提出の修
正申告書にX社の資産として計上されていたことの一事をもってた
だちにそれが昭和44年度中にX社に帰属していたものと断定するこ
とはむずかしいし、また、他に上記二口の定期預金の利息収入をX
社が仮装隠ぺいしたことを認めるに足りる証拠もない。

```
┌─────────────────────────────┐
│ 二口の定期預金を計上するに至る経緯 │
└─────────────────────────────┘
              ↓
┌─────────────────────────────────┐
│ 税務調査で簿外の所得に対応する資産を追及されたため │
└─────────────────────────────────┘


        ┌─────────────────┐
        │  定期預金の設定経緯  │
        └─────────────────┘

┌─────────┐    X社が設立される以前にEが無記名扱い定期
│ a定期預金 │……  預金として設定したもの
└─────────┘

┌─────────┐    昭和43年に無記名扱い定期預金として設定
│ b定期預金 │……  され、その後昭和45年にE名義に変更され
└─────────┘    たもの
     ↑
     │    ┌──────────────────────┐
     └────│ 元来はEが個人として設定した可能性 │
          │ を否定し得ない。          │
          └──────────────────────┘
```

コメント

　税務調査で指摘を受けたため、簿外の所得に対応する資産としてEの定期預金をX社の資産としたものと認定されています。税務調査で、調査官にはbの定期預金をX社の資産とすることで修正申告をするという合意（事実上の和解）がされましたが、訴訟においては、Eの定期預金であったのであるから、なぜX社の資産となるのかについて、証拠から認定できないと判断されたものになります。税務調査において、訴訟で認定されるであろう事実とは異なる事実関係を前提として修正申告がされたため、上記の判断になったものと思われます。税務調査においても訴訟の見通しを十分に踏まえて修正申告をする必要があるといえるでしょう。

裁判所の**判断**の続き

別途収入の計上漏れ

　C信用金庫の普通預金の期末残高の過少計上については、当該預金が昭和44年度の売上を除外し所得を仮装、隠ぺいすることによって得られた利益をもってされた預金であることを認めるべき証拠はないし、また、同項記載の事実によれば預金残高計上に際しての数額記載の誤りに基づくものとみられ、ことさらに過少申告したような事実を認めるべき証拠もない。

！コメント

　税務調査で指摘を受けたため、普通預金の増減を収入として修正申告をしましたが、そもそも普通預金が得られた利益をもってされた預金であることを認めるべき証拠はないとしています。税務調査で修正申告をする際には、普通預金の増減を収入とすることで、調査官と合意し（事実上の和解）、修正申告をすることで税務調査は終了となりますが、訴訟となった場合、証拠に基づきそれが収入であったのかが判断されるため、上記の判断になったものと思われます。

取消のポイント

税務調査で調査官と修正申告の内容で合意したとしても、
証拠により事実と認められなければならない。

（4）架空仕入の計上 （東京地判昭和55年8月28日税資114号399頁[19]）

事案の 概要

　X社は、宅地の造成販売等を目的とする会社です。X社の昭和37
年期（昭和36年7月1日から昭和37年6月30日までの事業年度）に
おいて、Aから本件土地を721万6000円で仕入れたとして同額を
買掛金勘定に計上しました。Y税務署長は、当該売買契約はX社側
の契約不履行により解除され（X社は否認）、本件土地はAにおいて
占有、耕作されていたとして、実質上仕入れがなかったものと認定
し、仕入れを否認し、重加算税の賦課決定処分をしました。

19　控訴審の昭和60年4月24日訟月32巻1号182頁でも原審の判断が維持されました。

第2章　取消事例の検討　73

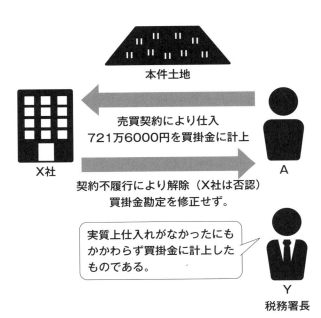

裁判所の判断

売買契約の経緯

　本件土地は農地であるところ、同土地についてのX社とAとの売買契約においては、X社がその所有地を他に182万円で売却して同金額を本件土地の売買代金の内金として支払い、残金については、本件土地につき農地法に定める転用許可を得てから昭和37年11月30日に所有権移転登記と引換えに支払う旨の約定が結ばれていたにもかかわらず、昭和39年4月現在に至るも、代金の支払いは全くなく、また、転用許可の申請手続すらなされず、本件土地は売主であるAが農地として現に耕作しており、その所有名義も同人名義のままとなっていることが認められる。

X社とAの売買契約の内容

①X社が、所有地を182万円で売却。
②182万円を売買代金の内金として支払う。
③農地法に定める転用許可を得る。
④昭和37年11月30日に所有権移転登記と引換えに残金を支払う。

昭和39年4月の状況

①代金の支払いはない。
②転用許可の申請手続はされていない。
③本件土地はAが農地として耕作している。
④本件土地の所有名義はA名義となっている。

裁判所の 判断 の続き

売買代金債務の確定

　農地について売買契約が締結されたのみで、農地法所定の許可がなく、代金の支払いも目的物の引渡しも行われていない段階においては、いまだ売買代金債務が確定したものとは認めがたいので、その代金相当額を当期の損金に計上することはできないものというべきである。

売買代金債務の確定

①農地について売買契約が締結された。
②農地法所定の許可がない。
③代金の支払いがされていない。
④目的物の引渡しがされていない。

裁判所の判断

いまだ売買代金債務が確定したものとは認めがたい。

↓

その代金相当額を当期の損金に計上することはできない。

第2章　取消事例の検討　75

裁判所の 判断 の続き

買掛金の計上

仕入金額否認721万6000円については、前記認定の事実に照らし、Xが買掛金を計上したことをもって直ちに課税標準等又は税額等の計算の基礎となるべき事実を隠ぺい仮装したとみることは相当でない。

！コメント

昭和37年期に売買代金債務が確定したとは言えないため、損金に計上することはできないとしましたが、売買契約の経緯から、実際に売買は行われようとしており、買掛金を計上したことだけでは隠蔽行為又は仮装行為とはいえないとしたものです。仕入れが架空とまでは言い切れない事情が認定されたため、隠蔽・仮装行為とみることはできないとして、重加算税が取り消されたものと理解できます。X社の故意を否定して隠蔽・仮装行為とは認めなかったものとも理解できます。

取消のポイント

仕入が計上された経緯を確認する。

3 相続税

（1）税務職員への不陳述（長野地判平成12年6月23日税資247号1338頁）

事案の 概要

Xが相続税の申告をしたところ、約15億円の本件各預金が申告から漏れていたとして、Y税務署長が重加算税の賦課決定処分をしました。

Yの主張する隠蔽・仮装行為

① Xは、約15億円の本件各預金が相続財産であることを認識しており、本件期限後申告に際し、本件各預金を相続財産として計上しないことが虚偽過少の申告となることを十分認識していた。

② Xは、平成4年7月22日、税務相談のためY税務署を訪れた際、本件各預金の存在に全く触れることなく、かえって「Xの考えている相続財産と他の相続人がした申告の内容は何かどこか違うのですか。」との担当官の質問に対して、本件各預金が相続財産から除外されている事実を秘し、税金が払えないことを理由に本件各預金の存在を隠ぺいした。

③ Xは、平成4年10月5日、本件期限後申告に際しても、当初から過少に申告する意図の下に、本件各預金が共同相続人の申告書（期限内に提出されたもの）の写しに相続財産として計上されていなかったことを奇貨として、その状態を利用し、あえて本件各預金を相続財産から除外したまま共同相続人の申告書の写しに押印した上で提出した。

　このように、Xは、本件各預金の存在を秘し、所得の金額を殊更過少にした内容虚偽の申告書を提出したものであるから、事実の隠ぺいが存在したといえる。

Xの認識

①本件各預金が相続財産であることを認識していた。
②虚偽過少の申告となることを認識していた。

平成4年7月22日

①Y税務署での税務相談で本件各預金の存在に全く触れなかった。
②担当官の質問に対し、本件各預金の存在を隠ぺいした。

平成4年10月5日

①本件各預金が共同相続人の申告書の写しに計上されていないことを奇貨として、利用した。
②本件各預金を相続財産から除外したまま共同相続人の申告書の写しに押印した上で提出した。

第2章　取消事例の検討　77

裁判所の 判断

ア　税務署員との面談における隠蔽行為の有無

　裁判所は、XがY税務職員に本件各預金について話さなかったことについて、Y税務署を訪れた目的、会話の態様、Xの行動の3点から分析し、Xが本件各預金の存在を税務署員に告げなかったことをもって、本件各預金を相続財産から除外してこれを隠蔽する意図を持って隠蔽行為をしたと評価することはできないとしました。

Y税務署を訪れた目的

　XがY税務署を訪れたのは、当時はいまだXの本件相続に関する相続税の申告がなされていない状況であり、相続財産についての情報が得られないことから他の納税者の申告の内容を確認したり、無申告加算税について問い合わせをし、場合によっては押印を追完して申告期限内に申告をしたことにしてもらったりすることを目的としたものであって、申告のように納税義務者側から納税額等を明らかにし、あるいは調査のように税務当局側からの納税額等に関する質問に答えることを目的としたものではない。

Y税務署の職員との会話の態様

　単にXの方から本件各預金の存在を話題にしなかったというに止まり、税務署側から本件各預金の存否を尋ねられてこれを否定したというのではない。

Xの申告に対する行動

　このころから本件期限後申告までの間、Xは一貫して本件各預金を計上した正しい申告をするための行動をしていた。

税務署員との面談における隠蔽行為の有無

Y税務署を訪れた目的

①（申告していないため）他の納税者の申告の内容を確認すること。
②無申告加算税について問い合わせをすること。
③押印を追完して申告期限内に申告をしたことにしてもらうこと。
※納税額等を明らかにしたり、税務当局からの質問に答えたりすることを目的としていない。

Y税務署の職員との会話の態様

①Xから本件各預金の存在を話題にしなかった。
②本件各預金の存否を否定したわけではない。

Xの申告に対する行動

Xは一貫して本件各預金を計上した正しい申告をするための行動をしていた。

↓

裁判所の判断

Xが本件各預金の存在を税務署員に告げなかったことをもって、本件各預金を相続財産から除外してこれを隠ぺいする意図を持って隠ぺい行為をしたと評価することはできない。

コメント

税務職員に申告から漏れた財産について話をしなかったとしても、どのような目的で税務職員と話をしたのか、どのようなやりとりがされたのか、納税者が正しい申告をしようとしていたのか、が主張立証のポイントになるといえます。

裁判所の 判断 の続き

イ　申告から本件各預金が漏れたこと

　　裁判所は、Xが本件各預金が計上されていない申告書での期限後
申告をした経緯について以下のとおり認定し、Xは、本件各預金を
計上した正しい申告をする意思を有していたのに、そのための資料
が存在しないことなどのため、後日修正申告をするつもりでやむを
得ず本件期限後申告をしたものであって、本件期限後申告の際に隠
蔽の意図があり、殊更に過少な金額を申告することにより課税を免
れようとしたとの事実を認めることはできないとしました。

期限後申告の経緯

　Xは、他の兄弟姉妹との間で遺産分割を巡って対立していたことから、本件相
続に関する申告手続をA税理士に依頼したいと考えていたが、Aから申告に要す
る相続財産に関する情報を得られないとして断られたため、やむを得ず、他の兄
弟姉妹が依頼していたB税理士に委任したところ、Xについてのみ無申告となっ
た申告書の控えを見て、本件各預金が計上されていないことを知った。Xは、A
から、本件各預金を計上しなければ違法であると聞かされ、これを計上した正し
い申告をしようと考え、BのみならずAに対しても正しい申告をしてくれるよう
依頼したが、Bはこれを実行せず、Aからは、資料がないなどの理由で断られ、
無申告の状態を解消するためにとりあえず申告書の控えに押印をして提出してお
き、後日Bが修正申告をするのを待つ方がいいでしょうとのAのアドバイスに従
い、提出手続だけをAに依頼して本件期限後申告をしたものである。

!コメント

　本件のように遺産分割で、相続人間で対立している場合に、相続財産に関する資料を得られないことはありえます。そのような場合に、やむを得ず、対立する相続人が作成した申告書案で申告せざるを得なかった場合などは、本件と同様に隠蔽仮装の意図は認められないとされる可能性があるといえます。このような場合、申告が過少申告となった経緯とそのときの納税者の意図と行動について詳し

第2章　取消事例の検討　81

く確認したうえで主張立証することが重要といえます。

裁判所の 判断 の続き

ウ　質問顛末書の記載について

　裁判所は、Y税務署長が、Xが質問顛末書において、「商銀の預金をBさんから受け取った申告書に加算して申告すると税金が払えないというような理由から、とりあえず、すでに納まっている分の申告書を提出したのです。」「お金がなかったので申告できませんでした。」と供述し、また、「私は、Bさんから受け取った被相続人の申告書だけを申告すればよいと思っていたからです。預金があるということはわかっていたが商銀の預金を財産に加えて申告するということは全然考えていませんでした。」と供述している点を指摘して、隠蔽行為があったと主張している点について、以下のとおり判示しました。

質問顛末書の評価

　後者については、上記供述部分の二丁後に「B会計事務所に平成4年9月頃行き、そのおり被相続人の申告には不備があるので後で申告をしなおすという話をBさんがしました」と、三丁後に「私としては、不備なことで被相続人の申告をしなおすということは商銀の預金が申告になっていないということではないかと思っていました」との供述部分があり、前者については、上記の供述部分の直前に「Bさんに後で申告しなおすというようなことを聞いていたことと」との供述部分があることが認められる。

Xの質問顛末書

Yの指摘箇所

商銀の預金をBさんから受け取った申告書に加算して申告すると税金が払えないというような理由から、とりあえず、すでに納まっている分の申告書を提出したのです。

お金がなかったので申告できませんでした。

私は、Bさんから受け取った被相続人の申告書だけを申告すればよいと思っていたからです。預金があるということはわかっていたが商銀の預金を財産に加えて申告するということは全然考えていませんでした。

裁判所の指摘

Bさんに後で申告しなおすというようなことを聞いていたことと

※Yの指摘箇所の直前に上記の供述部分がある。

B会計事務所に平成4年9月頃行き、そのおり被相続人の申告には不備があるので後で申告をしなおすという話をBさんがしました。

※Yの指摘箇所の二丁後に上記の供述部分がある。

私としては、不備なことで被相続人の申告をしなおすということは商銀の預金が申告になっていないということではないかと思っていました。

※Yの指摘箇所の三丁後に上記の供述部分がある。

裁判所の判断の続き

Aの証言

　Aは、当裁判所において、「Xは、本件期限後申告に至るまでの間、一貫して、本件各預金を計上した正しい申告をしたいとの意思を有していたし、そのための手続をしてくれるよう自分に依頼した」旨明白に証言している。

小括

　Yの指摘する供述部分からXに隠ぺい行為があったと認定するには証拠不十分と言わざるを得ない。

Aの裁判所での証言

　Xは、本件期限後申告に至るまでの間、一貫して、本件各預金を計上した正しい申告をしたいとの意思を有していたし、そのための手続をしてくれるよう自分に依頼した。

裁判所の判断

　Yの指摘する供述部分からXに隠ぺい行為があったと認定するには証拠不十分と言わざるを得ない。

コメント

　質問顛末書では、当該供述部分だけではなく、前後の文脈から当該供述の意味を把握することが重要です。本件は、一部だけでは隠蔽の意図をうかがわせる可能性がありましたが、全体でみるとそのような意図があったとまでは認められないとしたものと評価できます。また、本件では、Aの証言も重視されています。裁判となった場合、法廷で証人や当事者の尋問が実施されますので、質問顛末書

の記載とは全く異なる証言がされる可能性もあります。そのため、質問顛末書における供述だけが証拠の場合、裁判で供述の信用性が崩れることもあります[20]。質問顛末書の内容については十分に信用性を検討する必要があるといえます。なお、税務調査手続では、質問応答記録書は、個人情報保護法に基づく開示請求により入手でき、審査請求手続では、証拠書類等の閲覧謄写手続（国税通則法97条の3）で入手することができます。

取消のポイント

申告が過少申告となった経緯とそのときの納税者の意図と行動について詳しく確認する。

---

2 国税の課税標準等又は税額等の計算の基礎となるべき事実ではないとされた事例

1 消費税

（1）契約締結日の虚偽記載 （裁決平成16年5月19日裁事67集103頁）

事案の 概要

　X社は、平成13年11月9日に設立され、同日から平成14年10月31日までの課税期間（以下「本件課税期間」という。）において、消費税の課税事業者選択届出書を提出していました。

　X社は、E社とF社との間で契約締結日を平成14年10月1日とす

20　拙著『税務調査対応の「事実認定」入門』（ぎょうせい、2020）75頁参照

第2章　取消事例の検討　　85

る不動産証券化アドバイザリー契約書（本件契約書）を作成、調印
していましたが、実際の調印日は、同年11月25日でした。本件契
約書では、アドバイザリー報酬として3億3300万円、契約期間は
平成17年11月末日までの期間とされていました。

　X社は、本件契約書に基づくアドバイザリー業務に係る消費税額
を控除対象仕入税額に含めて本件課税期間に係る消費税の還付申告
をしました。X社が、税務調査を受け、開発費として資産計上した
アドバイザリー業務に係る役務提供が完了していないのに、当該ア
ドバイザリー業務に係る消費税額を控除対象仕入税額に含めていた
こと及び建設仮勘定の中に既に役務提供が完了しており控除対象仕
入税額ができるものがあったことから、修正申告をしました。

　Y税務署長が、本件契約書の真実の契約締結日が平成14年11月
25日であるにもかかわらず、これを同年10月1日であるかのごと
く契約締結日を仮装し、本件アドバイザリー業務に係る消費税額を
控除対象仕入税額に含めたところで過大な消費税等の還付税額を記
載した確定申告書を提出したなどとして重加算税の賦課決定処分を
しました。

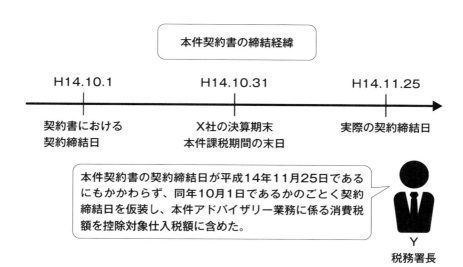

審判所の 判断

審判所は、まず、消費税法第30条の課税仕入れの時期について以下のとおり判示しました。

消費税法第30条の課税仕入れの時期

　課税仕入れを行った日がいつであるかは、課税仕入れと課税資産の譲渡等が表裏の関係にあることから、資産の譲渡等の時期に準じて判定するのが相当と認められ、この資産の譲渡等の時期は、所得税法又は法人税における収益の認識基準と同様に、原則として引渡基準によるのが相当と認められる。

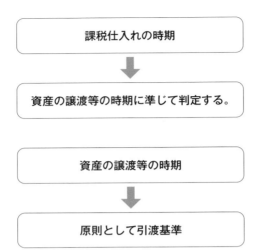

審判所の **判断** の続き

　審判所は、請負契約の内容ごとに課税仕入れの時期を判示した上で、本件アドバイザリー業務についての課税仕入れの時期について以下のとおり判示しました。

本件アドバイザリー業務に係る課税仕入れの時期
　本件アドバイザリー業務に係る課税仕入れの時期については、本件アドバイザリー業務が役務の提供を行うことを目的とするものであり、提供を受けるべき役務が本件契約書において区分されていないことから、課税仕入れを行った日とは、当該請負契約で約した役務の全部が完了した日によることが相当である。

```
┌─────────────────────────────────────┐
│ 本件アドバイザリー業務に係る課税仕入れの時期 │
└─────────────────────────────────────┘
                    ↓
┌─────────────────────────────────────┐
│ 当該請負契約で約した役務の全部が完了した日 │
└─────────────────────────────────────┘
```

審判所の 判断 の続き

　以上の本件アドバイザリー業務に係る課税仕入れの時期を前提として、X社の仮装行為について以下のとおり判示しました。

契約締結日の虚偽記載と仮装行為

　本件アドバイザリー業務に係る課税仕入れの時期については、役務提供の全部を完了した日であると解することが相当であるところ、本件アドバイザリー業務に係る役務提供の完了日については、本件契約書では、2005（平成17）年11月末日までとされ、Yは、役務提供の完了日を平成14年11月25日としているから、いずれにしても、本件課税期間においては、役務提供の全部が完了していないことについて、X社及びYは争わず、当審判所においても相当であると認められ、本件課税期間の課税仕入れに該当しないことは明らかであるから、本件契約書の契約締結日が真実の契約締結日と異なっていたとしても、本件契約書の契約締結日が課税仕入れの時期の判定要素となるものではないから、役務提供の真実の完了日を仮装したことにはならない。

役務提供の完了日

| 本件契約書：平成17年11月末日 | → | 本件課税期間（平成14年10月31日まで）において役務提供の全部が完了していないことに争いはない。 |
| Y税務署長：平成14年11月25日 | | |

本件課税期間の課税仕入れに該当しないことは明らか。

本件契約書の契約締結日が真実の契約締結日と異なっていたとしても、本件契約書の契約締結日が課税仕入れの時期の判定要素となるものではない。

役務提供の真実の完了日を仮装したことにはならない。

コメント

　本件では、本件契約書の締結日が真実は翌期の平成14年11月25日であったにもかかわらず、本件課税期間の平成14年10月1日と記載し、申告においては、本件契約書に基づくアドバイザリー業務に係る消費税額を本件課税期間に控除対象仕入税額に含めていたものです。裁決で認定されている事実からは還付を目的として契約締結日を平成14年10月1日と記載したかは不明でしたが、契約締結日について、真実と異なる日付を記載したこと自体は争いがありませんでした。本裁決は、仮に当事者が本件課税期間に還付を受けるために契約書の日付を平成14年10月1日として還付申告をしたとしても、

消費税法第30条の課税仕入れの時期は、本件アドバイザリー業務については役務提供の全部を完了した日であり、本件契約書の締結日は無関係であるため、課税要件事実の仮装にはならないとしたものです。

このように、仮に当事者が過少申告を意図して隠蔽行為や仮装行為としていたとしても、それが課税要件事実とは関係ないのであれば、重加算税の要件である事実の隠蔽行為や仮装行為には該当しません。そのため、当事者が真実と異なる記載をした書類を作成していたとしても、それが本税に係る税法の課税要件事実を隠蔽又は仮装するものであるかを確認する必要があるといえます。

取消のポイント

課税要件事実と隠蔽行為・仮装行為の対象となった事実の関係を確認する。

---

3 主観的要素（故意）が認められなかった事例

1 所得税

（1）領収書等の持参漏れ （大阪高判昭和50年9月30日判タ336号274頁）

事案の概要

Xは、A商工会に納品伝票、領収書等を持参し、収支計算書を作成してもらっていました。Y税務署長は、Xが脱漏した売上に係る

第2章 取消事例の検討　91

納品書、受領書、請求書等の証憑書類については、他の取引から除外して、持参しなかったこと、B社との取引は、①材料の支給を受けないもの（B社の仕入れに計上される分）と、②材料の支給を受けて加工するもの及び修理（B社の外注費等の経理科目に計上される分）とに区分され、請求書等も2種類に区分され、B社の経理方法も異なっていたため、②の取引による売上を隠匿しても通常発見されにくいことを利用して故意に売上の隠匿を図ったこと、CとD社との取引は1回限りで発見されにくいことを奇貨として売上の隠匿を図ったとして、重加算税の賦課決定処分をしました。

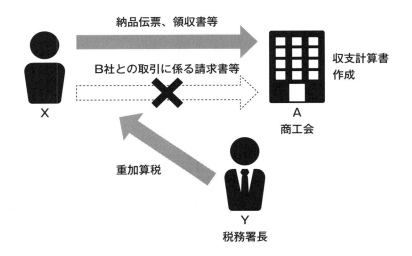

裁判所の判断

交通事故の影響

　Xの経理事務を担当していたHが昭和37年6、7月ごろ交通事故で入院し、長期間治療を続けて、経理事務の処理ができなかったため、

伝票類の整理がつかず、散逸したものがある。

裁判所の**判断**の続き

B社との取引に関する伝票類

B社との取引に関する伝票類は、控、納品書、受取書（納品に対する）、請求書の4枚重ねの帳面になっていて納品書、受取書、請求書の3枚を切り離した後の控は帳面のままXに残る仕組になっていて、XではこのA控帳をA商工会に持参していたものであるが、控は1枚ずつ別々になっているのではなく、2通りの取引ごとに一冊綴りになっているのだから、一方の控え綴り全部を一緒に紛失することもあり得る。

第2章 取消事例の検討 93

裁判所の 判断 の続き

> **その他の取引**
> 故意に隠匿を企てる程の額ではないことが認められる。

！コメント

　裁判所は、経理担当者が交通事故によって入院していたため、経理事務ができずに伝票等が紛失した可能性、伝票の形式から一冊綴りを全部紛失した可能性を指摘するとともに、1回限りの取引の収入を除外したことについては、故意に隠匿を企てる程の額ではないとし、故意に売上を隠ぺいしたとは断定し難く、売上を故意に隠ぺいし、その隠ぺいしたところに基づいて確定申告書を作成提出したとまで認めるに足る証拠はないとしました。

　過失による伝票紛失の可能性の反証が成功した事例と理解できます。

取消のポイント

過失によって証憑が紛失した可能性を検討する。

（2）仕入れの過大計上 （大阪地判平成3年3月29日判タ758号157頁）

事案の 概要

　XはA商店の屋号で銘木販売業を営んでいました。Y税務署長は、昭和48年の以下の2取引については、それぞれ以下の理由で仕入額を過大に計上していたとして、重加算税の賦課決定処分をしました。

B社からの仕入850万円

　B社に対し、融通手形850万円を発行したことを奇貨として、仕入の事実や納品書もないのに意図的に仕入帳の仕入金額欄に記帳し、仕入の過大計上をなした。仮に記帳ミスから過大計上となったとしても、昭和48年5月末に、Xの従業員であるEが退職した後、税理士が月々の試算表を作成しており、その月々の試算表から経理に誤りがあるのが分かるのであるから、B社の仕入の記帳ミスについても、金額が高額に上るために仕入の過大計上については試算表ですぐ誤りが判明したというべきであり、Xは、経理上の誤りを知りながら、これを放置していたものである。

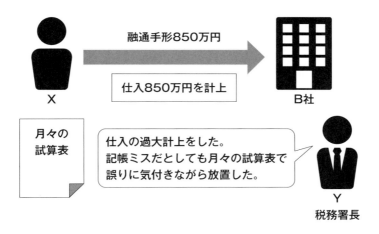

第2章　取消事例の検討

貿易勘定718万6050円

　Xは、貿易勘定の経理処理において、以下のとおり、意図的に伝票の訂正に仮装して架空仕入の計上をしている。まず、①昭和48年5月31日、借方貿易勘定359万3025円、貸方未払金359万3025円との振替伝票が従業員のEによって起票されたが、Xは、これの訂正と称して、②同年6月26日、借方貿易勘定359万3025円、貸方C銀行359万3025円、③同月27日、借方未払金359万3025円、貸方C銀行359万3025円、④同年8月30日、借方貿易勘定未払金359万3025円、貸方仕入359万3025円、⑤同年10月2日、借方貿易勘定359万3025円、貸方未払金359万3025円、⑥同日、借方仕入359万3025円、貸方未払金359万3025円との5回にわたる訂正伝票を起票し、このことにより、一回の取引にもかかわらず、仕入を三重に計上して、718万6050円の架空仕入を計上したものである。

　仮に、貿易勘定についてのXの理解不足から生じた伝票の起票誤りであったとしても、一回だけの取引から銀行支払が二回行われ、さらに未払金を計上しているのであるから、Xは、その時点で伝票処理に誤りがあったことを認識しながら、これを放置したものである。

貿易勘定の経理処理

	日付	借方	貸方
①	5月31日	貿易勘定359万3025円	未払金359万3025円
②	6月26日	貿易勘定359万3025円	C銀行359万3025円
③	6月27日	未払金359万3025円	C銀行359万3025円
④	8月30日	貿易勘定未払金359万3025円	仕入359万3025円
⑤	10月2日	貿易勘定359万3025円	未払金359万3025円
⑥	10月2日	仕入359万3025円	未払金359万3025円

> 一回の取引にもかかわらず、仕入を三重に計上した。
> 仮に、貿易勘定についてのXの理解不足から生じた伝票の起票誤りであったとしても、銀行支払と未払金計上をしていることから、Xは、伝票処理に誤りがあったことを認識しながら、これを放置したものである。

Y
税務署長

裁判所の判断

裁判所は、重加算税を課すためには、納税者が故意に課税要件を隠蔽等することが必要としたうえで、故意の内容について以下のとおり判示します。

重加算税の賦課要件としての故意

期中における経理処理の際に、課税要件となる事実についてこれを仮装または隠ぺいすることについての認識がある場合や、あるいは、期中において経理上の誤りなどによって、行為者の意識しない事実に相反する経理処理がなされた場合であっても、申告期限前にこの誤処理を発見しながら、ことさらこれを訂正しなかった場合には、訂正しないという積極的な意識がある以上、その時点で事実を仮装または隠ぺいしたことになり、また認識して訂正しない点で故意が認められることになるから、このような場合には、納税者が故意に課税標準等または税額等の計算の基礎となる事実の全部または一部を隠ぺいし、または仮装したというべきである。

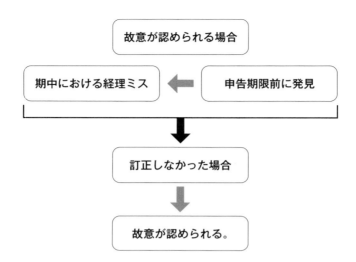

　以上の規範を基に、裁判所は、B社からの仕入れについてと貿易勘定について、それぞれ以下のとおり事実を認定し、いずれも、経理上の過失によるミスであるとして、故意に課税標準等または税額等の計算の基礎となる事実を隠蔽し、または、仮装したものということはできないとしました。

ア　B社からの仕入れについて

裁判所の 判断 の続き

B社からの仕入850万円

（1）Xは、昭和48年5月ころ、B社との間で融通手形850万円を交換したが、当時、Xの従業員で経理を担当していたEは、上記事情を知らなかったため、支払手形につき、同月31日付で、①借方買掛金350万円、貸方支払手形350万円、②借方買掛金500万円、貸方支払手形500万円との、借方の勘定科目を誤った二通の振替伝票を起票した。

（2）Eは昭和48年5月31日付で退職したため、Xは、同年6月、顧問税理士のDに対し、元帳への記帳及び月々の試算表の作成を依頼し、合わせて経理面での誤りに対しても注意してもらうよう依頼した。また、同月1日からは、Fが経理を手伝うようになった。

（3）その後、昭和48年6月30日ころに、A社がXに集金に来た際、買掛金の額が少なくなっていたため、帳簿を合わせてみたところ、850万円を支払ったような形になっていたため、Xは（1）記載の起票の誤りに気付いた。そこでXは、同日付で、借方仮受金850万円、貸方買掛金850万円との訂正伝票を起票した。

　そして、Fが上記訂正伝票に基づき仕入帳に記帳したが、Fは以前は経理に携わっていたことがあるものの、その後長年経理の仕事はしていなかったため、仕入帳の支払金額欄に△（赤字）850万円と記載すべきところ、誤って仕入金額欄に850万円を計上し、かつ、6月分の仕入集計表に右金額を仕入金額として算入したため、850万円の仕入の過大計上が発生した。

（4）Xは、D税理士から特に指摘されなかったこともあり、上記過大計上について、昭和48年分所得税の確定申告に至るまで気が付かなかった。

昭和48年5月

（1）XがB社との間で融通手形850万円を交換。
（2）Eが5月31日付で下記内容の二通の振替伝票を起票。
（3）5月31日付でEが退職。

Eによる振替伝票

	日付	借方	貸方
①	5月31日	買掛金350万円	支払手形350万円
②	5月31日	買掛金500万円	支払手形500万円

昭和48年6月

（1）D税理士に対し、元帳への記帳及び月々の試算表の作成を依頼。
（2）D税理士に対し、経理面での誤りを注意してもらうよう依頼。
（3）6月1日よりXの妻Fが経理を手伝い始める。

昭和48年6月30日

XはEによる振替伝票の誤りに気付き、下記の訂正伝票を起票。

Xによる訂正伝票

日付	借方	貸方
6月30日	仮受金850万円	買掛金850万円

> **Fによる仕入帳への記帳**
> (1) Xによる訂正伝票に基づき、仕入帳の支払金額欄に△（赤字）850万円と記載すべきところ、誤って仕入金額欄に850万円を計上した。
> (2) 6月分の仕入集計表に850万円を仕入金額として算入した。

> 850万円の仕入の過大計上が発生

※D税理士も誤りを指摘せず。

裁判所の 判断 の続き

> **Yの主張について（試算表から誤りに気づけたか。）**
> 　試算表は一か月の金額を総計したものであるところ、Xの昭和48年度の仕入金額が約28億円に上ることは当事者間に争いがなく、したがって月々の仕入金額も平均すると約2億円余りとなるのであるから、試算表の金額からただちに850万円の仕入の過大計上が判明するとはいえない。

> Xは試算表から誤りに気付けたか。

| Xの昭和48年度の仕入金額
約28億円
月平均2億円 | | 1カ月の試算表の金額から850万円の仕入の過大計上が判明するとはいえない。 |

第2章　取消事例の検討　101

裁判所の判断の続き

B社からの仕入850万円の過大計上の故意

過大計上は、帳簿上の記載の誤りから生じたものであり、また、上記誤りについてXは、昭和48年分の所得税の確定申告に至るまで知らなかったものであるから、訂正が必要であることを認識しながらこれを放置していたものとはいえず、Xが故意に課税標準等または税額等の計算の基礎となる事実を隠ぺいし、または仮装したものということはできない。

| 過大計上は、帳簿上の記載誤りから生じた。 | 訂正が必要であることを認識しながら放置していたとはいえない。 |

Xが故意に隠蔽又は仮装したとはいえない。

イ　貿易勘上について

裁判所の判断の続き

貿易勘定718万6050円

（1）Xは、信用状により、外国から欄間板を1万3500ドル（支払期日における為替相場により、日本円では359万3025円）で仕入れた。当該仕入につき、Eは、昭和48年5月31日、貿易勘定で仕入れをし、その代金が未払という趣旨で①借方貿易勘定359万3025円、貸方未払金359万3025円との振替伝票を起票して経理処理をした。

（2）その後、Eが退職したため、Eが①の振替伝票を起票したことを知らなかったXは、昭和48年6月26日、②借方貿易勘定359万3025円、貸方C銀行359万3025円との振替伝票を起票した。

ところが、翌27日にD税理士から渡された6月分の試算表には、同月26日に支払ずみとなっているはずの貿易勘定の未払金の勘定科目が残っていたため、Xは、これを訂正するために、同日、③貸方（注：借方の誤記と思われる。）未払金359万3025円、貸方C銀行359万3025円との振替伝票を起票した。

（3）その後、Xは、Eが①の振替伝票を起票していることを知り、これを訂正す

るため、まず同年8月30日、「5/31ランマ板仕入に付振戻し」と摘要欄に記載して、④借方貿易勘定未払金359万3025円、貸方仕入359万3025円との振替伝票を起票し、さらに同年10月2日には、まず、摘要欄に「6/27伝票訂正す」と記載して、⑤借方貿易勘定359万3025円、貸方未払金359万3025円との振替伝票を起票し、また、同様に、摘要欄に「8月30日伝票二重に付訂正」と記載して、⑥借方仕入359万3025円、貸方未払金359万3025円との振替伝票を起票した。

　ところが、Xは、Eが退職してから記帳を始めたものであり、経理に不慣れであったため、振替伝票の仕訳を間違え、何度も訂正伝票として振替伝票を起票するなかで、結局359万3025円の二口分合計718万6050円の過大な計上が生じるに至った。

（4）Xは、D税理士から特に指摘されなかったこともあり、上記過大計上について、昭和48年分所得税の確定申告に至るまで気が付かなかった。

昭和48年5月

（1）Xは、外国から欄間板を359万3025円で仕入れた。
（2）Eは、貿易勘定で仕入れをし、その代金が未払という趣旨で下記の振替伝票を起票した。
（3）5月31日付でEが退職。

	日付	借方	貸方
①	5月31日	貿易勘定359万3025円	未払金359万3025円

昭和48年6月26日

　Xは、Eが①の振替伝票を起票したことを知らなかったため、下記の振替伝票を起票した。

	日付	借方	貸方
②	6月26日	貿易勘定359万3025円	C銀行359万3025円

昭和48年6月27日

D税理士から渡された6月分の試算表には、支払済みとなっているはずの貿易勘定の未払金の勘定科目が残っていたため、Xは、これを訂正するために、下記の振替伝票を起票した。

	日付	借方	貸方
③	6月27日	未払金359万3025円	C銀行359万3025円

昭和48年8月以降

Xは、Eが①の振替伝票を起票していることを知り、これを訂正するため、下記の振替伝票を次々と起票した。

	日付	借方	貸方	摘要欄
④	8月30日	貿易勘定未払金359万3025円	仕入359万3025円	5/31ランマ板仕入に付振戻し
⑤	10月2日	貿易勘定359万3025円	未払金359万3025円	6/27伝票訂正す
⑥	10月2日	仕入359万3025円	未払金359万3025円	8月30日伝票二重に付訂正

- Eが退職してから記帳を始めた。
- 経理に不慣れであった。

X

振替伝票の仕訳を間違え、何度も訂正伝票として振替伝票を起票した。

359万3025円の二口分合計718万6050円の過大な計上が生じるに至った。

　D税理士からも指摘されず。

Xは、昭和48年分所得税の確定申告まで過大計上に気が付かなかった。

裁判所の**判断**の続き

貿易勘定718万6050円の過大計上の故意

過大計上は、振替伝票の起票の誤りから生じたものであり、また、上記誤りについて、Xは、昭和48年分の所得税の確定申告に至るまで知らなかったものであるから、訂正が必要であることを認識しながらこれを放置していたものとはいえず、Xが故意に課税標準等または税額等の計算の基礎となる事実を隠ぺいし、または、仮装したものということはできない。

| 過大計上は、振替伝票の起票の誤りから生じた。 | ＋ | 訂正が必要であることを認識しながら放置していたとはいえない。 |

Xが故意に隠蔽又は仮装したとはいえない。

第2章 取消事例の検討　105

！コメント

　本判決は、規範として、期中において経理ミスであっても、申告期限前に発見して、これを訂正しなかった場合は故意が認められると判示した上で、故意による経理処理か、期中では経理ミスであったが申告期限前に発見されているかという2点から事実を詳細に認定し、期中における経理ミスで申告期限前に発見されていないことから、故意がないとして重加算税の賦課決定処分を取り消したものです。

　事実認定を見てわかるとおり、いつ、誰が、どのような意図でその経理処理をしたのかを詳しく認定し、過失の有無、申告期限前に発見されたかを認定しています。経理処理が隠蔽行為又は仮装行為として問題となった場合、当該経理処理をした経緯について、事実関係を詳細に確認する必要があるといえます。また本件では問題となっていませんが、そもそもその経理処理が「事実」の隠蔽又は仮装といえるのかについても検討が必要でしょう。

取消のポイント

いつ、誰が、どのような意図でその経理処理をしたのか確認する。

（3）内容虚偽の契約書（東京高判平成8年5月13日税資216号355頁）

事案の概要

　　Xは無職の寡婦で高齢の老母とともに本件物件に居住していました。Bは、本件物件の購入を希望し、A建築事務所とA建築事務所の不動産部門として設立されたC社に、Xから本件物件を購入することを依頼しました。Xは、転居先の提供と売買に伴ってXに金銭的な負担が生じないことを条件として売却に応じ、昭和63年6月24日、XとA建築事務所は、本件物件の譲渡価格を1億7000万円とする売買契約を締結しました。しかし、当該売買契約ではXに多額の税金がかかることが判明したため、上記売買契約は白紙にもどすことになりました。その後、C社が検討したところ、C社が買主となり譲渡価格を9000万円とし、当該9000万円でXが代替物件を購入すること、税金相当額2750万円をC社が負担することでXの税金を軽減できるとして、平成元年1月13日、C社とXは、本件物件の譲渡価格を9000万円とする売買契約書を作成しました。同時に、C社が代替土地上に代替建物を新築した上、Xに対し、代替物件を9000万円で売り渡し、かつ、税金相当分として2750万円を支払うことが合意されました。

昭和63年6月24日

X

本件物件

売買契約：譲渡価格1億7000万円

A
建築事務所

当該売買契約ではXに多額の税金がかかることが判明した。

売買契約は白紙に

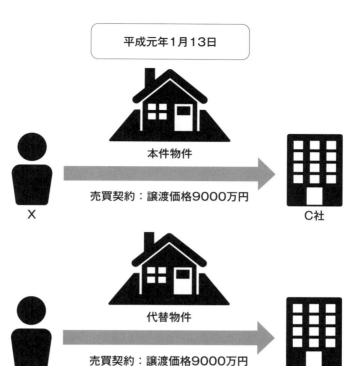

事案の 概要 の続き

　Y税務署長は、Xに対し、本件物件の譲渡価格が1億7000万円であるにもかかわらず、本件物件の譲渡金額を9000万円として確定申告書を提出したことが、事実の一部を隠蔽又は仮装したことに当たるとして、重加算税の賦課決定処分をしました。

Y税務署長の主張

本件物件の譲渡価格は1億7000万円である。

本件物件の譲渡金額を9000万円として確定申告書を提出し、事実を隠蔽又は仮装した。

裁判所の判断

　裁判所は、譲渡代金はXの得た代替物件等の総額である1億6490万円と認定した上で、以下のとおり、売買契約の経緯等からXの譲渡代金の評価が不相当とはいえないと判示し、重加算税の賦課決定処分を一部取り消しました。

Xの評価が不相当とはいえないこと

　本件物件の譲渡代金は1億6490万円であるうえ、A建築事務所とXの譲渡金額を1億7000万円とする売買契約は解消され、C社とX間の本件物件の譲渡代金を9000万円にXが税金分として現金で受領することとなった2750万円を加えた額とする新たな売買契約が締結されたものであること、新たな売買契約はXが望んだものではなくC社側の強い説得のもとにXがこれに従う形で行われ、譲渡代金の圧縮等もC社側の主導でなされ、XはC社のEの言うままに、本件物件の譲渡代金が9000万円であると認識して確定申告書を提出したものであること、Xは、わずか二年前に取得した本件物件の価額が5400万円であったことから、本件物件の売買代金が9000万円とされたことについても何ら違和感を覚えず、そのように評価していたと認められること、代替物件についても、その実際の取得価額の認識がなく、本件物件に対応する代替物件として9000万円程度と評価していたが、そのように評価したことをもって不相当とはいえないことが認められる。

　Xが、本件物件の譲渡代金を9000万円として確定申告をした行為は、Xなりの評価をもとにして行ったやむを得ないものであったと認められるから、上記申告をもって所得税の課税標準又は税額等の計算の基礎となるべき事実の一部を隠

> ぺいし又は仮装したことには該当しないというべきである。

本件物件の譲渡契約
① 譲渡代金は1億6490万円である。
② 譲渡金額を1億7000万円とする売買契約は解消された。
③ C社とX間の新たな売買契約が締結された。

新たな売買契約の経緯
① Xが望んだものではない。
② C社側の強い説得にXが従う形で行われた。
③ 譲渡代金の圧縮等もC社側の主導でなされた。
④ XはC社のEの言うままに、譲渡代金が9000万円と認識していた。

Xの認識と評価
① 二年前に取得した本件物件の価額が5400万円であった。
② 本件物件の売買代金が9000万円でも違和感を覚えず、そのように評価していた。
③ 代替物件の実際の取得価額の認識はなかった。
④ 本件物件に対応する代替物件として9000万円程度と評価していた。

そのように評価したことをもって不相当とはいえない。

Xが、本件物件の譲渡代金を9000万円として確定申告をした行為は、Xなりの評価をもとにして行ったやむを得ないものであった。

申告をもって事実の一部を隠ぺいし又は仮装したことには該当しない。

！コメント

　本件では、事実と異なる契約書が作成されていましたが、隠蔽又は仮装行為の故意があったかについて、納税者がなぜ当該取引をしたのかという事実が詳細に検討され、故意が認められないとして取り消されたものと理解できます。本件のようなケースでは、当該事実と異なる契約書が作成された経緯と当事者の認識を詳細に確認することがポイントといえます。なお、Xが現金で受領することになった税金相当額である2750万円については、本件物件の譲渡によって9000万円に加えてXが取得する金員であることをXも十分認識していたはずであるとし、Xの認識に立つとしても9000万円に加算して譲渡代金として申告すべきであったとして、重加算税の賦課決定処分を取り消しませんでした。裁判所は、2750万円についてはことさらに売買契約書に記載せず隠蔽したことが明らかであるとしながら、かっこ書きで、「Xの人柄にかんがみると、故意に隠ぺいし脱税を試みたとまでは認められないが、この部分については相応の行為責任を負うべきである」として、故意が否定される場合も行為責任として重加算税の賦課決定処分が認められるという判示をしています。前記大阪地判平成3年3月29日判タ758号157頁が過失による経理処理について、申告期限までに発見していながら訂正しなかった場合に故意を認めるとしたケースと類似した考えをとっているものと思われます。

👆 取消のポイント

事実と異なる契約書が作成された経緯と当事者の認識を詳細に確認する。

2 法人税

（1）商品棚卸表の修正 （福岡高判昭和35年9月9日税資 33号1094頁）

事案の概要

X社の昭和31年8月31日現在の商品棚卸の結果によれば、呉服類中御召の価額合計は金659,200円であったにもかかわらず、金65,920円として、確定申告書を提出していました。Y税務署長は、X社において事実の隠ぺい又は仮装があるものとして、重加算税の賦課決定処分をしました。

X社の商品棚卸結果

御召の価格合計659,200円

65,920円として申告

御召の価額合計に事実の隠蔽又は仮装がある。

Y
税務署長

裁判所の判断

経理担当者の不在

X社においては経理専門の担当職員がいなかったため、会社代表者Aの姪であるBに依頼して、毎日夜間その日の売上等の帳簿記入をさせていたが、本件事業年度の法人税確定申告につき、期末現在の商品棚卸表の作成もBにこれを依頼した。

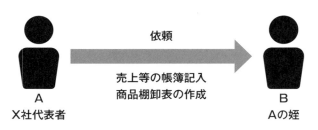

裁判所の**判断**の続き

商品棚卸表の作成過程

BはX社の店員等が分担して商品目別に摘記した計算表を自宅に持ち帰り、夫であるCに手伝わせて、上記計算表に基き棚卸表を作成したが、同表中商品御召の部はCが記帳したところ、その金額合計は金659,200円となり、Cはこれを算用数字をもって「￥65,9200」と記載し、通常千の位取りを表すコンマを誤って万位のところに記入したこと、上記棚卸表の記載が一応完了した後、Bは各葉にわたり再度目を通した際、上記御召の部の合計はコンマの位置から見て、65,920円であるのを誤って「0」を一字多く記入したものと簡単に思いこみ、これを訂正するため前記合計数字の末尾に「0」を書き加え、下位二桁の「0」の下に線を引いて「￥65,92000」と改め、下位二桁は銭位を表すものとし、結局65,920円と読まれるように書き改めた。

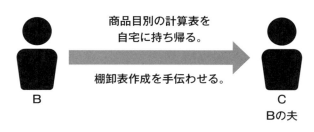

裁判所の **判断** の続き

税理士事務所でのチェック

　X社は法人税確定申告書及び附属の貸借対照表等の作成をD税理士事務所に依頼したが、同事務所の職員Eは前記棚卸表の計算を検算し、同表の各葉毎に合計額を鉛筆書きで記入し、その際前記御召の部の末葉のみの合計額でも130,000円となり、その直ぐ下段に記載してある前記合計額65,920円が誤りであることは一見して判明すべきに拘らず、同人もまた不注意にも、算盤に現れた数字と対照して数字面では相違がなかったため、位取りの誤りに気がつかず、そのまま看過してしまったこと、その結果貸借対照表に記載された棚卸商品の合計金額は、実際の金額より金593,280円少ないこととなり、これを基礎として本件確定申告書が作成され、そのまま税務署に提出されるに至った。

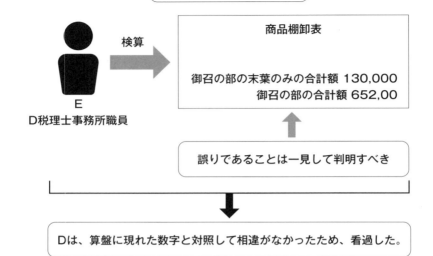

裁判所の 判断 の続き

代表者によるチェック

　申告当時X社代表者Aは肺結核で重症の状態にあり、同人も、またその妻でありAに代わってX社の営業を主宰していたFも、法人税申告については前記D税理士に一任の形で、前記棚卸表等にはほとんど目を通すことなく、金額の誤謬には全く気がつかなかった。

代表者によるチェック

肺結核で重症の状態であった。

A
X代表者

・申告はDに一任
・棚卸表にはほとんど目を通さず、金額の誤謬に気付かなかった。

F
Aの妻
Aに代わってX社の営業を主宰

裁判所の**判断**の続き

本件金額の誤記の評価

本件金額の誤記は、当事者に作為があったものとして余りにも見えすいた幼稚なものであり、かつ前記棚卸表を更に改ざんし又は隠匿した形跡も証拠上全くうかがわれない。

本件金額の誤記の評価

| 作為があったものとして余りにも見えすいた幼稚なものである。 | | 棚卸表を更に改ざんし又は隠匿した形跡も証拠上全くうかがわれない。 |

X社に事実隠ぺい又は仮装の故意があったとは認められない。

コメント

決算書類に誤った記載があった場合、故意に行われたものである

のか、過失によるものであるのかが争点となることがあります。ミスのない完璧な決算書類を作成するということは難しいことなので、過失によって誤りが生じることも少なくありません。本事案では、過失によって誤記が生じたものであることについて、経理担当者の属性、誤記が発生した経緯、税理士事務所でのチェック、代表者によるチェックの4点から事実を詳細に認定した上、誤記が余りにも見え透いた幼稚なものであるという評価をして、故意による隠蔽仮装行為ではないとしました。過失によって決算書類に誤記が生じた場合の主張立証方法として、上記の4点を整理して主張立証することがポイントになるといえます。

👆 取消のポイント

決算書類に誤った記載があった場合、経理担当者の属性、誤記が発生した経緯、税理士事務所でのチェック、代表者によるチェックの4点から事実を詳細に確認する。

（2）株式の口座移し替え、経理上の操作 （東京高判平成5年3月24日税資194号 1038頁）

事案の 概要

昭和62年3月2日、C証券の代行により、X社が所有していたN社株のうち83株（本件株式）の売付けが成立しましたが、X社の総務部長Bは、本件株式をX社の代表者であるA名義で売却したことに変更するようにC証券の担当者Eに依頼しました。同月5日、Eは、本件株式をA名義の口座に入れた形を取った後、本件株式の売却代金をA名義でX社の預金口座に入金しました。

X社は、上記の入金をもって、昭和62年3月7日付で、会計帳簿上X社がAに貸し付けていた金員の返済であるとの処理をし、同月29日付けで会計帳簿上株式の取得に必要な金員をX社がAに貸し付けたという処理をしました。Y税務署長は、X社が、本件株式について、X社の売買取引をAの売買取引に仮装し隠蔽しようとしたとして、重加算税の賦課決定処分をしました。

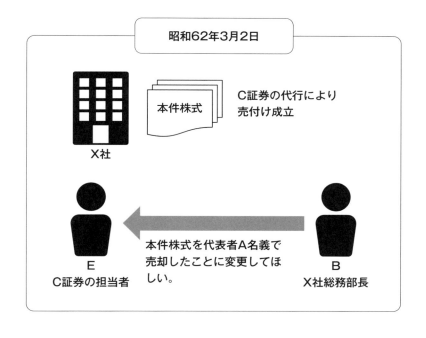

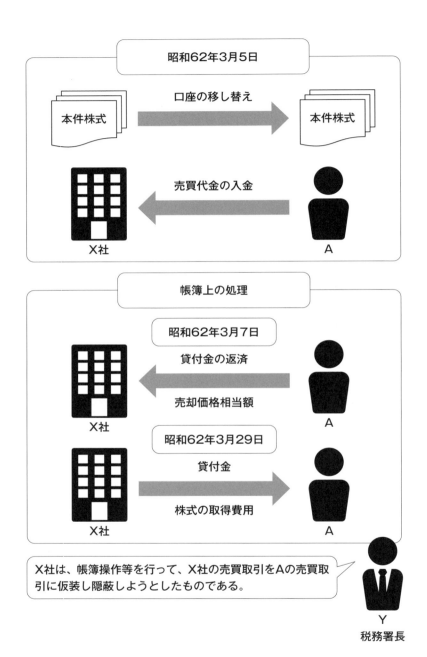

裁判所の 判断

仮装の意図

　AがX社の代表者でもあり、X社の株式の60パーセントを所有していて、X社の代表者としての地位と個人としての立場を混同して、いうなればX社を私物化していることに加え、Aは、昭和62年2月4日の段階でN社株をX社とA個人とで大量に買い付けるつもりでおり、その資金の融資を銀行に相談しようとしていたこと、そして、Aは、X社ら名義で購入した589株のうち100株は自己に帰属するものであり、同年3月2日にそのうちの本件株式を売却したと思い込んでいたこと、X社の総務部長として経理部門も掌理していたBは、Aの上記のような思い込みを知っていたことを認めることができるのである。

　そして、上記の事実によれば、X社がC証券の代行による本件株式の売付けを本件株式を取得してもいないA名義の口座で行ったように移し替えた上、売却日である同日以降の同月29日に本件株式の取得に必要な相当額をAに対する貸付金として経理し、同月7日に売却価額相当額を同人に対する貸付金を減少させる戻りの経理として処理したことも、BがAからその認識するところの個人分の本件株式を売却するように言われてそれに合わせるためだけの趣旨で口座及び経理上の操作をしたものであると見ることもできるのである。

　そうだとすると、X社の代表者でもあるAに、X社に帰属するものをことさらA個人に帰属するものとして本件株式の売買取引をしたように仮装する意図ないし認識があったには無理があるといわざるを得ない。

第2章　取消事例の検討　　121

代表者Aの認識

- X社の株式の60%を保有
- X社を私物化
- 昭和62年2月4日N社株をX社とA個人で大量に買い付けるつもりでいた。
- NTT株の資金の融資を銀行に相談しようとしていた。

代表者Aの思い込み

X社ら名義で購入した589株のうち100株はAに帰属する。昭和62年3月2日にそのうちの本件株式を売却した。

Aの思い込みを知っていた。

B
X社総務部長

裁判所の評価

一連の経理処理は、BがAからその認識するところの個人分の本件株式を売却するように言われてそれに合わせるためだけの趣旨で口座及び経理上の操作をしたものであると見ることもできる。

X社の代表者でもあるAに、X社に帰属するものをことさらA個人に帰属するものとして本件株式の売買取引をしたように仮装する意図ないし認識があったとするには無理がある。

裁判所の 判断 の続き

口座移し替えや経理上の操作について

　X社の口座移し替えや経理上の操作をもってY税務署長の主張するX社に本件事業年度における法人税の課税を免れるための仮装隠蔽の行為があったことを推認することは難しく、他に上記主張事実を認めるに足りる証拠はない。

！コメント

　客観的には、X社の株式をA名義の口座に移し替え、AがX社から株式取得に必要な金員を借り、売却代金によって返済した経理処理がされていますが、主観面では、Aが実際に取得したと思い込んで処理したものであり、Aに仮装する意図ないし認識はなかったとして重加算税の要件を満たさないとしました。客観的には隠蔽行為、仮装行為に該当するとしても、Aがどのような意図で当該行為を行ったかという主観的要素が取消しのポイントとなっているといえます。本件では、本件株式がAのものか否かも争点となっており、Aとしては本件株式がAのものであると考えて行動していた事実も考慮されています。

取消のポイント

代表者や従業員がどのような意図で当該行為を行ったかを確認する。

第2章　取消事例の検討　123

3 相続税

（1）定期預金の解約等 （神戸地判平成11年11月29日税資 245号497頁）

事案の概要

Y税務署長は、Xは、被相続人Aの死亡後、その相続財産全体を管理する立場にあったこと、Xが一部の財産について、相続財産であることを認識しながら、一部を現金化し、あるいは自己名義の口座に移し替えるなどし、故意にこれらの財産を除外して相続税の申告を行ったのであるから、事実の一部を隠蔽したとして、重加算税の賦課決定処分をしました。

X

・一部の相続財産について現金化した。
・自己名義の口座に移し替えた。
・これらの財産は申告から漏れていた。

①Xは、相続財産全体を管理する立場にあった。
②現金化したり、自己名義の口座に移し替えた相続財産を除外して申告をした。

Y
税務署長

裁判所の 判断

ア　金融商品の売却について

　裁判所は、平成4年1月21日、被相続人A名義の金融商品の売却の約定がされて、X名義の口座に売却代金が振り込まれたことについて、同日、被相続人A名義の口座だけではなく、X、Xの弟であるB名義の口座からも同じ金融商品である新実力成長株9111という金融商品の売却の約定がされていたという事実を認定したうえで、下記のとおり判示します。

Xの過少申告の意図

　平成4年1月21日には、A名義の口座で保護預かりされていた財産だけではなく、Xら名義の各口座で保護預かりされていた財産も売却の約定がされており、上記売却は、あえてA名義の（口座で保護預かりされていた）財産という点に着目してされたわけではなく、新実力成長株9111という金融商品に着目してされたものであると推認することができる。

```
                          平成4年1月21日

    ┌──────────┐      ┌──────────┐      ┌──────────┐
    │ A名義の口座 │      │ X名義の口座 │      │ B名義の口座 │
    └──────────┘      └──────────┘      └──────────┘

    ┌──────────┐      ┌──────────┐      ┌──────────┐
    │  金融商品  │      │  金融商品  │      │  金融商品  │
    │「新実力成長 │      │「新実力成長 │      │「新実力成長 │
    │  株9111」 │      │  株9111」 │      │  株9111」 │
    │   200口   │      │   400口   │      │   200口   │
    └──────────┘      └──────────┘      └──────────┘

       売却              売却              売却
     196万6400円       393万2800円       196万6400円

  1月27日 ↓ 振込

  ┌──────────────┐
  │ X名義の普通預金口座 │
  └──────────────┘
```

┌───┐
│   平成4年1月21日の金融商品の売却   │
│   │
│ ┌─────────────────────────────────────┐ │
│ │ A名義だけではなくX名義、B名義でも売却されている。 │ │
│ └─────────────────────────────────────┘ │
│   ↓   │
│ ┌─────────────────────────────────────┐ │
│ │「新実力成長株9111」という金融商品に着目してされたと推認できる。│ │
│ └─────────────────────────────────────┘ │
└───┘

裁判所の判断の続き

平成4年1月21日時点

（金融商品売却の）約定は、Xが成年に達してから2か月弱しか経っていない時期に、しかもA死亡後1週間以内にされたものであり、Aの生前の指示によってされた可能性も否定できない。

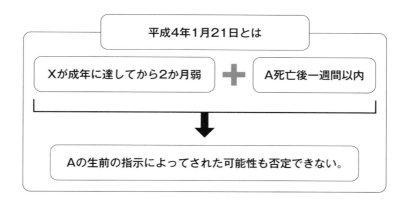

裁判所の判断の続き

相続財産全体からの割合

（金融商品売却の）約定により売却されてX名義の口座に入金された196万6400円という金額は、相続時のA名義の動産約1億8000万円の1パーセント強にすぎない。

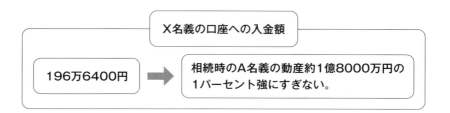

裁判所の 判断 の続き

過少申告の意図

　これらの財産の売却及びX名義の口座への入金は、相続財産を過少に申告する意図でしたものとは認め難く、隠ぺい、仮装行為であるとまで評価することはできない。

コメント

　金融商品の売却について、同日に売却されている相続人名義の金融商品の種類に着目し、売却の意図を推認するとともに、売却日の相続人の年齢と被相続人の死亡日からの期間、相続財産全体からの売却代金の割合に着目し、Xには、過少申告の意図を認めがたいとしました。当該金融商品の売却と入金だけでは分からない周辺事情から過少申告の意図を認めがたいとしたものであり、周辺事情も過少申告の意図と矛盾しないか十分に確認することが重要といえます。

裁判所の 判断 の続き

イ　定期預金の解約について

　裁判所は、相続開始後にXがA名義の元本800万円のスーパーMMCを解約し、約600万円はA名義の普通預金又は定期預金に預け入れ、約200万円を現金で出金したこと、同じ通帳にある他の9口のスーパーMMCは解約されていないこと、A名義の定期預金2口についても解約して現金を出金したが、出金額は約220万円であったこと、同じ通帳にある他の6口の定期預金（合計約1100万円）は解約されていないことを認定しました。

　裁判所は、MMCの解約によってなくなった約200万円、定期預金の解約で出金された約220万円は、相続時のA名義の動産約1億

8000万円の1％強に過ぎないと指摘します。

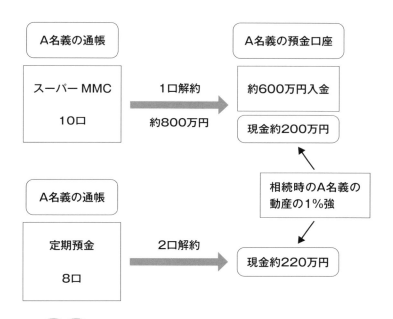

裁判所の判断の続き

裁判所は、以上の事実を認定した上で、以下のとおり判示しました。

預金出金の目的

　これらの事情に、Xは、解約金を、Aの治療費・入院費、葬儀費用、Xらの生活費、学費等の出費に充てたこと、Xらは当時学生で、収入がなかったことを併せ考えると、上記解約・現金出金は、当面の出費のためにしたものとみるのが相当であり、相続財産を過少に申告する意図で、財産を隠ぺい、仮装したものと評価することはできない。

コメント

　相続開始後に、当面の生活費のために定期預金の解約等をして、その後相続税の申告書から漏れてしまった場合の参考になる裁判例です。本件の場合、相続人が20歳のときに相続開始していることから、特定の金融商品の解約には被相続人の意向があったことが推認されること、解約した定期預金が同じ通帳にある定期預金の一部であり、隠蔽仮装を意図するのであれば全部解約して解約した定期預金通帳自体を隠すことも考えられるにもかかわらず、そのような対応は一切見られないことなどから、Xの生活状況から生活費のための出費と推認されるとし、重加算税の賦課決定処分を取り消しました。判決は、相続財産を過少に申告する意図で財産を隠蔽、仮装したものと評価することはできないとして、過少申告の意図を要件

としているようにも読めます。ただ、事案をみると、過失によって
申告から漏れたものであり、故意ではないとしたものと理解するほ
うが、判例の流れとも整合するものと思われます。

取消のポイント

金融商品や預金の解約の周辺事情を確認し、過少申告の意図と
矛盾する事情がないか確認する。

4 第三者の行為につき責任を負わないとされた事例

1 所得税

（1）共同経営者による隠蔽仮装行為 （鳥取地判昭和47年4月3日税資65号639頁）

事案の 概要

　兄弟であるX1とX2は、パチンコ遊技場を共同経営しており、平
等の権利義務の割合で毎年事業所得の申告納税をしていました。当
該事業に係る収入の一部を、A、B、C各名義の普通預金に入金し、
収入として申告しなかったため、Y税務署長が、仮装名義預金に預
け入れをして売上を脱漏したものとして重加算税の賦課決定処分を
しました。

第2章　取消事例の検討　131

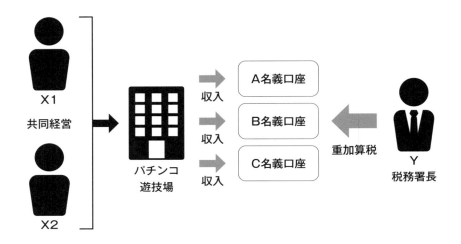

裁判所の判断

裁判所は、X1については、重加算税の賦課決定処分を適法としましたが、X2については、X2の下記主張を検討し、以下のとおり判示して、重加算税の賦課決定処分を取り消しました。

X2の主張

昭和33年、X2はパチンコ遊戯場として自己所有の鉄筋建物と店内取付設備とを提供し、X1は店内の機械、器具類およびパチンコ玉等を整え、実際の営業自体は一切X1が経営し、利益は折半ということでパチンコ営業を開始、継続してきたものであるが、X2は営業の実務には一切関与しなかったので、X1から分配される金額がX2取得分の営業利益であると信じていた。

したがって、Y指摘の仮装預金があったとしても、これについてX1はX2に対して未だ一度もその存在を告げたことはなく、またこれをX2に分配すべく述べたこともなく、X2もその存在を知らず、X1に対してその権利を主張したり、分配を請求したりしたこともない。このようにその金額はX2の収入となっていないものであるから、その仮装預金の故にこれをX2の収入に加算される理はないわけである。

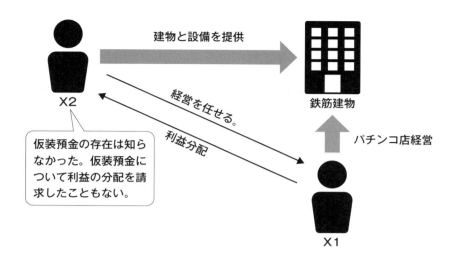

裁判所の 判断 の続き

X2が隠蔽を承知していたか

　本件預金の一部が前記のとおりパチンコ営業収入と認められる以上、その収入金額の2分の1についてX2の事業収入となることは、Xらの本件共同営業のたてまえから、否定しがたいところである。また、X1は、昭和34年6月末ごろまでH県においてパチンコ遊戯場を経営していたところ、同年7月X2がO駅前に店舗を新築したので、この建物を使用して兄弟でパチンコ遊戯場を同年7月28日開店し、開業資金はX2が銀行から家屋を担保に350万円借入れ、X1は信用保証協会の保証で150万円借入れるとともにQの土地建物（Qは連帯保証人）を担保として450万円を借入れて、これにあて、利益の分配は、損益にかかわらずこれを折半する条件で共同経営を創めた事実については、これを認めることができ、Xらは昭和36年および同38年にYに対し、青色申告専従者としてX2の妻A、X1の妻Bを申請し、Aは玉売り、Bは玉売りと記帳に、各専従している旨の税務申告をしている事実を認めることができる。

　しかしながら、上記認定事実から直ちにX2において前記仮装名義預金による事業収入の隠ぺいの事実を承知していたことまでも推認することは困難であり、かつ、他に上記事実を認めるに足りる証拠はないから、X2に対し重加算税を賦課したことはその限りにおいて理由がなく、違法というべきである。

仮装預金に入金されたパチンコ営業収入の2分の1はX2の収入	**裁判所の判断**
パチンコ店の利益の分配は折半する条件で共同経営を開始	これらの事実からX2において仮装名義預金による事業収入の隠ぺいの事実を承知していたことまでも推認することは困難である。
Xらの妻を青色申告専従者として申告	

コメント

　裁判所は、X1が仮装名義預金に入金し、隠蔽行為をしていたとして、X1についての重加算税賦課決定処分は適法としましたが、X2については、仮装名義預金を知らなかったという主張や、仮装名義預金に入金された収入からは分配を受けていなかったという主張があり、これを覆す事実は認定されておらず、仮装名義預金による事業収入の隠蔽の事実を承知していたことを認めるに足りる証拠はないとして、重加算税の賦課決定処分を取り消しました。

　共同経営といっても、隠蔽行為を承知していなければ、隠蔽行為についての責任を負わないとしたものと理解できます。

取消のポイント

共同経営者の隠蔽行為を承知していたかを確認する。

（2）第三者による隠蔽仮装行為① （大阪高判平成3年4月24日判タ763号216頁）

事案の概要

　Xらの被相続人であるAは、昭和59年11月27日、本件土地をBら

に売却し、昭和60年4月2日に売却代金の決済を受けました。同日、Cから本件土地売却に係る譲渡所得税の申告を有利にしてあげるとの申出を受けてこれを信用し、申告手続をCに一任しました。

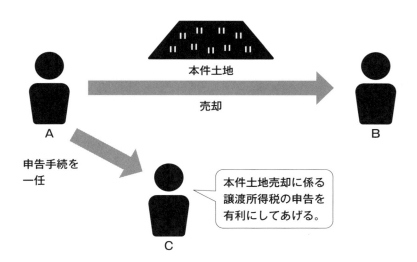

事案の概要の続き

　Cは、Aが昭和60年3月9日提出した当初申告の修正申告として本件土地の譲渡代金1億1153万円に対する経費としての「永代管理小作料」1億0495万3500円をF会に支払った旨の架空の経費を含む必要経費の額1億1053万円と計上し、分離譲渡所得金額を零円と追加記入した修正申告書を提出しました（以下「本件申告」といいます。）。修正申告書には、内容虚偽の「譲渡内容についてのお尋ね兼計算書」及び昭和60年1月30日付F会発行の領収証の写も添付していました。

本件申告の内容

①本件土地の譲渡に対する経費として「永代管理小作料」をF会に支払った旨の架空の経費を含む必要経費を計上した。
②分離譲渡所得金額は零円と記入した。

添付資料

「譲渡内容についてのお尋ね兼計算書」

内容は虚偽

領収書（写）

昭和60年1月30日
F会発行

事案の概要の続き

　Aは、昭和60年4月9日、金額1800万円の小切手を持って、Cの事務所に赴き、Cから封筒に入ったY税務署の受付印のある申告書用紙を手渡され、Cを信用し、それ以上申告書用紙の内容を確かめることもせず、税金納付用と信じて小切手をCに交付し、これで本件土地の売買にかかる譲渡所得税申告が終了したものと思い込んでいました。

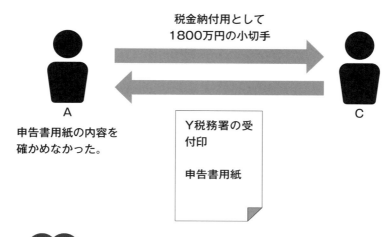

事案の概要の続き

　その後、Cは、F会の脱税指南事件の被告人として刑事訴追を受けて有罪となりました。Aは、あらためて昭和59年分の所得税の修正申告を提出しましたが、Y税務署長は、本件申告は、1億0495万3500円をF会に支払ったとして事実を隠ぺい又は仮装したものであるとして重加算税の賦課決定処分をしました。

1億0495万3500円をF会に支払ったとして事実を隠ぺい又は仮装したものである。

Y
税務署長

第2章　取消事例の検討　　137

裁判所の判断

AがCに依頼した経緯

Aは、本件土地の売買にあたって初めて知ったCから、所轄税務署であるY税務署には知り合いも多く、多少の便宜ならはかってもらえるので、本件土地の譲渡所得を含む昭和59年分の申告納税の手続を自分に任したらどうかと持ちかけられて、Cが架空の経費を計上して脱税を謀り、さらに、自分から、税金名下に1800万円を詐取しようと企画しているとは全く思いもしないで、Cに本件土地の譲渡所得税の申告手続を依頼した。

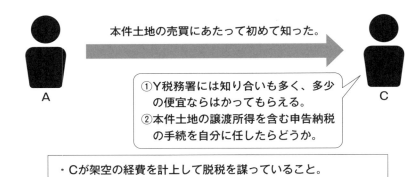

裁判所の判断の続き

Cに1800万円を交付した経緯

Cは、Aの本件土地の譲渡所得は、1億1153万円であるとし、これに対する「永代管理小作料」として、1億0495万3500円をF会に支払った旨の架空の経費を含む必要経費の額を1億1053万円と計上し、Aの譲渡所得を零円として、所轄税務署長に申告をしておきながら、Aに対しては、本件土地の譲渡所得によ

る所得税は、1800万円であるとして、その支払いを要求したので、Aは、譲渡所得による所得税は1800万円であると考え、上記所得税として支払うものとして、Cに1800万円を交付したものというべきである。

裁判所の判断の続き

不正申告についてのAの認識

　そうとすれば、Aは、本件土地の譲渡所得税として1800万円を支払う意思で、1800万円をCに交付したのに、Cが不法に1800万円を税務署に納めなかったのであるから、このような場合には、Aとしては、本件土地の譲渡所得について、故意に、その全部又は一部を隠ぺいし、又は仮装をしたものではなく、したがって、法68条により、重加算税を賦課することはできないと解するのが相当である。

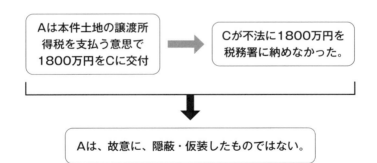

コメント

　Aとしては、Cに適正な申告を任せており、架空の経費を計上し

ようとしたり、自分から1800万円を詐取しようとしているとは全く思いもしなかったという認定から、Aの故意を否定し、重加算税の賦課決定処分を取り消しました。Aが申告書をしっかりと確認していないという点が問題となり得ますが、Cが刑事訴追を受けて有罪となっており、このような行為をするというのは通常想定し得ないとしたものと思われます。仮に申告書を見たとしても、委任の趣旨から逸脱した行為を行っていた場合は、隠蔽・仮装の故意を認めることにはならないとした一例と理解できます。

取消のポイント

第三者へ依頼した際の納税者の意思を確認する。

（3）税理士による隠蔽仮装行為 (東京高判平成18年1月18日税資256号順号10265)

事案の概要

Xは、平成2年9月、昭和62年に6836万5000円で買い受けたK市328平方メートル外8筆の土地（以下「本件土地」という。）を1億3000万円で売却し譲渡所得を得たことから、平成3年3月3日、平成2年分の所得税に係る確定申告及び納税手続の税務代理を乙税理士に委任したところ、乙税理士は、丙税務署員と共謀してXの課税資料を廃棄させ、Xの平成2年分所得として事業所得のみを申告し、本件土地についての譲渡所得税を申告することなく、Xから預かった1800万円を領得しました。上記事実が発覚した後の平成9年12月12日、Xは、平成2年分所得税につき、本件土地の譲渡に係る所得を加えた修正申告をし、納付すべき税額を納付しました。Y税務署長が、平成9年12月19日、Xの平成2年分の所得税について、譲

渡所得に係る税額につき重加算税賦課決定（以下「本件重加算税賦課決定処分」という。）をしたため、Xが本件重加算税賦課決定処分の取り消しを求めた事案です。なお、本件は、前掲最判平成17年1月17日民集59巻1号28頁の差戻し控訴審です。

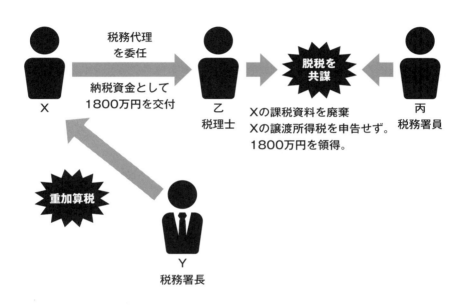

裁判所の判断

裁判所は、税理士の隠蔽・仮装行為について納税者が責任を負う要件について以下のとおり判示します。

税理士の隠蔽・仮装行為について納税者が責任を負う要件

納税者自身が資料の隠匿、隠ぺい又は仮装等の積極的な行為をすることまでの必要はなく、当該隠ぺい又は仮装の行為をした補助者又は代理人が過少申告の計算の基礎となるべき事実につき架空経費の計上などの違法な手段により税額を減少させようと企図していることを了知していたなど、隠ぺい又は仮装の行為がさ

れることを容認し、その間に意思の連絡がある場合には、上記通則法68条1項所定の重加算税の賦課の要件を充足するものというべきである。

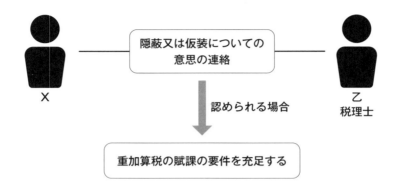

> **！コメント**
>
> 裁判所は、隠蔽又は仮装についての意思の連絡の有無が、税理士がした隠蔽仮装行為について納税者が責任を負うか否かの判断基準になるとしました。

裁判所の**判断**の続き

次に裁判所はXの認識について以下のとおり判示します。

Xの認識

税務に疎かったXは、平成3年2月下旬ころ、何が経費となるものかどうかもよく分からないまま、乙税理士に手持ちの資料を示し、あるいは資料はないが本件不動産の購入から売却までの出費を述べて、乙税理士からは、譲渡所得税額は概算では2600万円となるが乙税理士が受任した場合には1800万円程度で済ますことができるであろうとの説明を受け、銀行借入の利息を必要経費に算入した場合の譲渡所得税額の概算は2310万円程度になることを理解し、更に乙税理士の専門的な知識に基づいて正確な計算をし控除可能な諸経費を控除する等すれば最終的には税額が1800万円程度にまでなるものと理解したものと認められ、この際、Xが資料を示さなかった支出もXの認識において現実の支出又は財貨の移

転を伴ったものであり、架空の経費を告知したものではなかった。

乙税理士に手持ちの資料を示し、あるいは資料はないが本件不動産の購入から売却までの出費を説明。

譲渡所得税額は概算では2600万円となるが乙税理士が受任した場合には1800万円程度で済ますことができるであろうとの説明。

乙税理士

Xは、乙税理士の専門的な知識に基づいて正確な計算をし控除可能な諸経費を控除する等すれば最終的には税額が1800万円程度にまでなるものと理解した。

コメント

　Xが税務に疎かったこと、何が経費となるかもよく分からなかったというXの税務に対する理解度を前提として認定します。そのうえで、乙税理士の説明を専門家の話として理解したものと認定します。Xの税務の知識の程度と、乙税理士の説明内容が重要といえるでしょう。

裁判所の 判 断 の続き

　裁判所は、乙税理士の説明内容について概要以下のとおり判示します。

乙税理士の説明内容

　Xは、初対面であった乙税理士の税理士としての信用を知人に確認した上で、乙税理士に税務代理を委任した。Xが初対面の乙税理士に対して、不正手段による課税回避を容認している旨の表示をしたと認めるべき事情のない本件では、乙

税理士は、自己に委任すれば、適法に多大の節税効果を得ることができる旨の説得をしたものと解することが相当である。

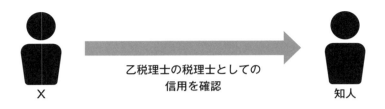

Xが初対面の乙税理士に対して、不正手段による課税回避を容認している旨の表示をしたと認めるべき事情がない。

⬇

乙税理士は、自己に委任すれば、適法に多大の節税効果を得ることができる旨の説得をしたものと解することが相当である。

コメント

　Xと乙税理士が初対面であったこと、Xが第三者に乙税理士の税理士としての信用を知人に確認していることを認定し、不正の疑惑を抱きながらあえて委任するのでなければ第三者に確認することは不自然であるから適正な申告を委任したものと認定します。また、通常、税理士が初対面の受任前の相談者に不正な申告をすることを仄めかしてその信頼を失う危険を敢えて冒すとは考えられないという経験則を判示して、乙税理士が適法な申告をすること前提としていたとします。さらに、乙税理士の手口が、税額名下に納税資金を預かることを目的としており、適正な税額に近いほど預かる税金が多く利益となる関係にあることから、不正な手段によることなく最大の利益を得るとの説明をすることが合理的という理由も示しまし

た。そのうえで、Xが不正手段による課税回避を容認したような事情もない本件においては、乙税理士はXに対し、適法な節税効果を説明したものと認定します。

裁判所の 判断 の続き

　　裁判所は、乙税理士の検察官に対する供述調書の信用性について、以下のとおり判示します。

乙税理士の検察官に対する供述調書の信用性

　乙税理士の検察官に対する供述調書には、Xから「納める税金の額を正規の金額より安くしてほしいという意味の依頼を受け、これを引き受けてあげました。」「本当なら2600万円くらいの税金を払わなければいかんが、税金分、手数料などすべて含めて1800万円で手続をしてあげますよ。というように言いました。」「正規の税額が2600万円という計算をしておきながら、1800万円以内の納税しかせずに済まそうという話ですから、これがいわゆる脱税行為であることは明らかであり、・・・（Xにも）当然分かっているはずでした」との記載部分がある。しかし、乙税理士の目的は、相談者から確実に税務代理を受任し、納税資金を預かるということにあり、その目的のためには、安心確実な節税が可能であり、乙税理士がその専門と経験からそのノウハウを有することを強調することが合理的であり、初対面の税理士に不正な申告を依頼し、初対面の相談者に税理士が脱税を前提に説明をすることは不合理であることは前記説示のとおりである。しかも、上記供述部分は、乙税理士の推測にすぎず、Xとの間に、不正な方法による申告をすることについて黙示的な意思の合致があった根拠とすることはできないうえ、本来本件土地の取得費に要した費用に付随する費用として控除の対象となり得る約1134万円もの借入金利息（最高裁平成4年7月14日第三小法廷判決・民集46巻5号492頁参照）を考慮しないで概算した約2600万円を「正規の税額」にすり替えて陳述することで、依頼者であるXも乙税理士の不正行為を知っていたはずだと推測して自己の罪責を少しでも軽くしたいとの意向が容易に読み取れる供述であって、信用性の乏しいものである。

```
┌─────────────────────────────┐         ┌──────────────────────┐
│  乙の供述調書               │  ←───   │（Xの認識は）乙税理士の│
│                             │         │ 推測にすぎない。     │
│ 納める税金の額を正規の金額  │         └──────────────────────┘
│ より安くしてほしいという意  │         ┌──────────────────────┐
│ 味の依頼を受け、これを引き  │         │ 約1134万円もの借入金利│
│ 受けてあげました。          │  ←───   │ 息を考慮しないで概算し│
│                             │         │ た約2600万円を「正規の│
│ 脱税行為であることは明らか  │         │ 税額」にすり替えて陳述│
│ であり、…（Xにも）当然分か  │         │ することで、Xも乙税理 │
│ っているはずでした。        │         │ 士の不正行為を知ってい│
└─────────────────────────────┘         │ たはずだと推測して自己│
┌─────────────────────────────┐         │ の罪責を少しでも軽くし│
│ 乙税理士の目的は、相談者から│         │ たいとの意向が容易に読│
│ 確実に税務代理を受任し、納税│         │ み取れる。            │
│ 資金を預かること。          │         └──────────────────────┘
└─────────────────────────────┘
             ↓
┌─────────────────────────────┐
│ 安心確実な節税が可能であり、│                乙の供述調書は
│ 乙税理士がその専門と経験から│   ───→      信用性が乏しい。
│ そのノウハウを有することを強│
│ 調することが合理的          │
└─────────────────────────────┘
```

コメント

　　乙税理士の検察官に対する供述調書では、Xが脱税行為であることを分かっていたかのような記載がありますが、乙の推測に過ぎないことや、2600万円を正規の税額とすり替えて供述することで乙が自らの罪責を少しでも軽くしたいとの意向が読み取れるとして、乙の供述の動機やその内容の不合理性から信用性が乏しいと判断されています。

裁判所の**判断**の続き

　裁判所は、Xの検察官に対する供述調書の信用性について以下のとおり判示します。

Xの検察官に対する供述調書の信用性

　乙税理士との相談内容、乙税理士が平成3年2月末ころ、Xから本件土地の譲渡所得に係る所得税について相談を受け、裏付け資料等を示されることなく事情を聴取しながら作成したメモ（本件メモ）の個別的記載事項の意味など、事案解明の上で重要な事項についての供述は極めてあいまいで、ときに不正確である。

　Xの検察官に対する供述調書の架空経費の計上による脱税を図った旨の供述は本件メモに関する前記認定に反するものであり、架空経費の計上を前提にする虚偽申告の認識があった旨の供述も採用することはできず、「所得税を脱税しました。」との供述は、控訴人の検察官への供述結果を整理した上での法的評価を要約したものと理解できるが、その供述結果の信用性は弱く、既に説示した事実関係を前提とすれば、この法的評価の要約をもって、乙税理士の行うであろう隠ぺい又は仮装の行為による過少申告を容認し、又は乙税理士との間に意思の連絡があったとするには足りない。

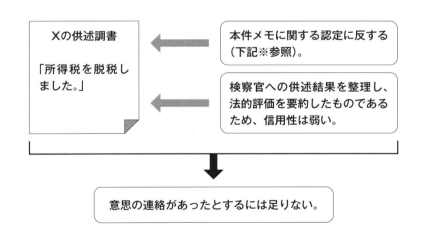

※本件メモについて、筆跡、ペンの種類や記載内容などから3名が記載に関わっているとし、一部後から書き加えられた記載について、乙税理士が述べた架空経費であるとの認定はとることができず、税額の計算とは無縁な記載であると認定し、Xの供述調書の架空経費の計上による脱税を図った旨の供述は当該認定に反するとしました。

！コメント

　　Xの供述調書について、Xが話した内容そのものではなく検察官が聞いた内容を整理し、法的評価を要約した点で信用性が弱いとしています。録音や録画であれば異なる評価となった可能性があります。また、書証である本件メモとの整合性から供述調書の信用性を判断している点は、事実認定のセオリーに沿ったものと言えます。

裁判所の 判断 の続き

　　裁判所は、Xの対応が不合理であったか以下のとおり判示します。

Xの対応の不合理性

　本件税務事務代理を委任した後、Xが1800万円で不足がないかを確認させたのみで、乙税理士に対して上記申告書の控えの交付を求めるなど、具体的な結果報告を求めなかった点は、税務代理の委任者としては不注意であったということができるが、経験豊かで有能な税理士と信じた乙税理士に対する敬意及び遠慮から、ことさら詳細を確認しなかったことを不合理ということはできず、また、平成2年分の所得税については事業所得に係る7100円のみが銀行振替されていることについても、税務知識がないXとしては、納税資金を乙税理士に交付して税務代理を委ね、同税理士を信頼していた以上、上記銀行振替を奇異に感じなかったことを不合理ということはできない。

Xの対応	裁判所の評価
1800万円で不足がないかを確認させたのみで申告書の控えの交付を求めるなど結果報告を求めなかった。	不注意であったが、税理士に対する敬意及び遠慮から詳細を確認しなかったことを不合理とはいえない。
平成2年分の所得税については事業所得に係る7100円のみが銀行振替されていることを奇異に感じなかった。	税務知識がないXとしては、納税資金を乙税理士に交付して税務代理を委ね、同税理士を信頼していた以上、不合理とはいえない。

！コメント

　Xが税務知識がないこと、経験豊かで有能な税理士と信じた税理士への対応として不自然不合理な行動といえないかが検討・判断されています。Xの対応として不合理ではないと判断されました。

裁判所の 判断 の続き

　裁判所は、以上の検討の結果、結論として、以下のとおり、意思連絡があったとはいえないと判示します。

結論

　以上によればXが乙税理士による隠ぺい又は仮装の行為による過少申告を容認し、乙税理士との間に意思の連絡があったということはできず、また、その余の事情も、乙税理士による隠ぺい行為による譲渡所得の過少申告につき、Xの帰責事由を認めるには足りないから、Xに対して本件重加算税賦課決定処分をすることはできないものというべきである。

！コメント

　裁判所は、以上のような詳細な事実認定をしたのち、Xと乙税理

第2章　取消事例の検討　149

士に隠蔽又は仮装行為についての意思の連絡はあったとはいえない
としました。

　乙税理士が刑事事件で起訴されている事案という特殊性はありま
すが、証拠について丁寧に検討判断がされ、意思の連絡の有無が判
断されたものといえます。実際の事件において、納税者や税理士の
供述証拠があったとしても客観的な証拠と矛盾していないか、経験
則に反していないかという点から証拠を見直し、事実を精査してい
くことが重要といえるでしょう。

取消のポイント

**供述証拠があったとしても、客観的証拠との矛盾や経験則に
反していないかという点から証拠を見直し、事実を精査する。**

（4）第三者による隠蔽仮装行為② （裁決平成30年9月3日裁事112集3頁）

事案の概要

　平成28年中に賃貸用の不動産（本件各不動産）を取得したXが、
本件各不動産の販売を代理した法人Gの従業員H及びMにより作成
された平成27年分の所得税等の確定申告書等を提出したところ、Y
税務署長が、Xが平成27年中に本件各不動産を取得したかのように
装った確定申告書等を当該従業員らに作成させ、それらを提出した
として、所得税等の重加算税の賦課決定処分をしました。

150

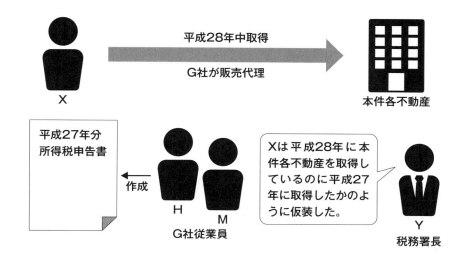

　Y税務署長は、審査請求手続で以下の3つの主張をして、Xには重加算税が賦課されると主張します。

> **Yの主張1**
>
> 　Xは、Hに対し、本件各不動産の取得時期を平成27年に前倒しして確定申告を行うことを本件各売買契約の条件として提示を行い、その要請を受けた同人がMに指示し、同人が本件申告書等を作成した。
> 　そして、Xは、本件申告書等に自ら押印し、Y税務署へ提出しているところ、XがG社の従業員らに虚偽の内容の本件申告書等を作成させたことは、通則法第68条第1項に規定する仮装に該当する。

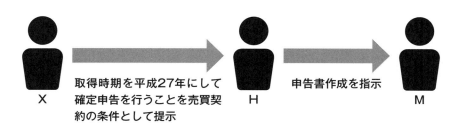

第2章　取消事例の検討　151

Yの主張2

　本件各売買契約等は、平成28年1月に締結されたのであるから、X、H及びMは、Xが平成27年に本件各不動産を取得等した事実がないにもかかわらず、意思を通じた上、Mは、本件各不動産の取得時期等を平成27年12月と偽った内容の本件申告書等を作成し、Xは、こうして作成された虚偽の内容の本件申告書等に押印し、Y税務署に提出して所得税等の還付申告に及んだのであるから、本件各行為は、一連のものとして、通則法第68条第1項に規定する「仮装し、その仮装したところに基づき納税申告書を提出した」場合に該当する。

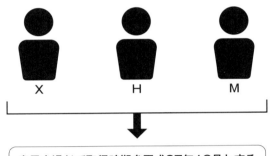

Yの主張3

　Xは、G社に対し、本件申告書等の作成を包括的に委任したのであるから、G社は、Xの本件申告書等の作成の履行補助者又は受任者である。
そして、Xは、以下のとおり、履行補助者又は受任者であるG社について、選任・監督上の注意義務を尽くさず、隠ぺい、仮装行為を防止する義務を怠ったのであるから、G社（M）による虚偽の内容の本件申告書等の作成行為をXの行為と同視し得るものとし、Xに対し、重加算税が賦課される。

① Xは、G社がどのようにして本件申告書等を作成し、どのような理由で所得税等が還付されるかという肝心な点について確認せず、還付口座の指定等を行うのみで、本件申告書等の作成を包括的に一任した。

② Xは、給与所得者であるが、○○という役職に就いていたことからすれば、確定申告に関する知識は十分にあるし、また、契約書等の作成にも精通している立場にあるといえることから、Xが、何も確認することなく、本件各売買契約等に係る契約書や本件申告書等に押印するはずがなく、平成27年に本件各不動産を購入していないことを認識し、平成27年分の所得税等の確定申告書の提出義務がないにもかかわらず、還付を受ける税額まで記載された本件申告書等に押印し、提出したことからすれば、本件申告書等の内容が虚偽であることを認識し、又は、容易に認識し得たはずであるが必要な確認を怠り、さらに、過少申告を防止する措置も講じなかった。

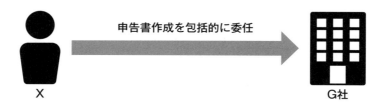

Xは、履行補助者又は受任者であるG社について、選任・監督上の注意義務を尽くさず、隠ぺい、仮装行為を防止する義務を怠った。

・本件申告書等の作成過程、所得税の還付理由を確認しなかった。
・本件申告書等の内容が虚偽であることを認識し、又は、容易に認識し得たが、必要な確認を怠り、過少申告を防止する措置も講じなかった。

審判所の判断

審判所は、まずXの行為について以下のとおり認定します。

Xの行為

Xは、Hとの間の本件各不動産に係る売買交渉において、本件各不動産の取得時期が平成28年1月であっても平成27年分の所得税等の還付申告が可能である旨の説明を受け、還付申告のための書類一式の作成をG社に委任し、その後、事実と異なる本件各不動産の取得時期及び賃貸開始時期等が記載された本件申告書等を同人から受領し、これらに自ら押印してY税務署へ提出することにより、虚偽の内容の還付請求申告書を提出したものと認められる。

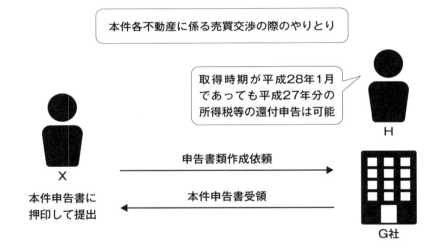

本件各不動産に係る売買交渉の際のやりとり

審判所の判断の続き

次に上記行為についてのXの認識を以下のとおり認定し、不正な申告についての共謀はないとします。

Xの認識

Xは、Hから、平成27年分の所得税等の還付申告が可能である旨の説明を受け、これに対して全く疑問を抱くこともなく、そのようなものかと理解したというのであるから、単に所得税法の知識が不足していたというほかなく、Hに対して虚

> 偽の内容の申告書等の作成を持ち掛けたなどと認められないことはもとより、当該説明を受けたことをもって、同人との間で不正な申告をすることを共謀したものと認めることもできない。

> Xは、Hから平成27年分の所得税等の還付申告が可能である旨の説明を受け、そのようなものかと理解した。

> Xは、所得税法の知識が不足していたというほかない。

> Hとの間で不正な申告をすることを共謀したものと認められない。

審判所の**判断**の続き

審判所は、共謀はないと認定した上で、G社の従業員の行為をXの行為と同視できる場合の規範を判示します。

G社の従業員の行為をXの行為と同視できる場合

> Xが、本件申告書等において、本件各不動産の取得時期等につき事実と異なる記載があることを認識し、又はそれを予想することができ、これを事前に防止ないし是正する措置を講ずる余地があったにもかかわらず、何らの措置を講ずることもなくこれらを提出していたような場合には、G社の従業員による本件申告書等の作成行為をXの行為と同視することができると認めるのが相当である。

コメント

上記規範は、前記最判平成18年4月20日民集60巻4号1611頁の規範と同旨です（33頁参照）。上記の規範にXの認識をあてはめます。

審判所の**判断**の続き

Xの認識

Xは、本件申告書等に自ら押印してY税務署へ提出した事実は認められるものの、本件申告書等の受領から提出に至るまでの間に、本件申告書等の記載内容を確認した事実を認めることはできない上、還付申告が可能である旨のHの説明に疑問を抱くこともなかったのであるから、Xをして、G社の従業員が虚偽の内容の本件申告書等を作成した行為を追認したと認められないことはもとより、本件申告書等に事実と異なる内容が記載されていることを認識していたとか、それを予想することができたと認めることもできない。

むしろ、Xが、本件調査担当者の指摘を受けて初めて、本件申告書等を提出した行為が違法であると理解したことも併せ鑑みると、Xは、Hから受領した本件申告書等に何ら疑問を差し挟むこともなく、これらを適正なものと誤認し、同人から促されるまま、本件申告書等を提出したにすぎないと認められる。

| Xが、本件申告書等の受領から提出に至るまでの間に、本件申告書等の記載内容を確認した事実を認めることはできない。 | | 還付申告が可能である旨のHの説明に疑問を抱くこともなかった。 |

本件申告書等に事実と異なる内容が記載されていることを認識していたとか、それを予想することができたとは認められない。

審判所は、上記の判示をしたうえで、G社の従業員が本件申告書等を作成した行為は、Xの行為と同視することはできないから、本件各行為は、通則法第68条第1項の賦課要件を満たさないとしました。さらに審判所は、Y税務署長の主張①から③についても個別に判断していますので見ていきましょう。

審判所の **判断** の続き

Yの主張1について

　Yは、XがHに対し、本件各不動産の取得時期を平成27年に前倒しした申告書の作成を本件各売買契約の条件として提示し、G社の従業員らに虚偽の内容の本件申告書等を作成させた旨主張し、本件においては、Hが、本件調査担当者に対してY税務署長の上記主張に沿う申述をした事実が認められる。

　しかしながら、Hは、上記申述をした後、本件調査担当者に対し、Xは本件申告書等について何も知らず、G社が勝手に手続を行った旨申述した事実も認められ、当審判所に対しては、G社の従業員が勝手に気を利かせて本件申告書等を作成したようである旨の答述を行っているなど、Hの上記各申述及び答述は、一貫性に欠ける上、これら申述等が変遷したことにつき合理的な説明をするわけでもなく、その信用性を認めることはできない。

！コメント

　Yの主張1は、Hの申述を基に主張されていたことが分かりますが、当該申述はその後変更され、審判所においてもYの主張1とは異なる内容となっていることが分かります。事実認定の問題になりますが、関係者の申述のみを証拠とした場合、後に変更された場合に取り消されることになりますので、申述が処分の証拠とされている場合は、当該申述者に申述内容の真偽を確かめることが重要といえるでしょう。

審判所の **判断** の続き

Yの主張2について

　XがHとの間で不正な申告を共謀したと認められないことは、上記のとおりであり、X、H及びMの間における共謀の事実を認めるに足りる証拠もないから、Y税務署長の主張は理由がないといわざるを得ない。

第2章　取消事例の検討　157

> **！コメント**
>
> Yの主張2は、本件の主たる争点であり、既に審判所が判断した
> ところですので、簡単な判示となっています。

審判所の **判断** の続き

Yの主張3について

G社の従業員による本件申告書等の作成行為をXの行為と同視することができないことは、上記のとおりであり、XがG社に対して還付理由を確認しなかったこと及び本件申告書等の確認を怠ったことのみをもって、当該従業員の行為をXの行為と同視し得ると評価することは困難といわざるを得ない。

> **！コメント**
>
> Yの主張3は、審判所が規範を示して判断した争点ですので、簡
> 単な判示となっています。
>
> 　第三者による隠蔽仮装行為について、納税者が責任を負うかについては、税理士による隠蔽仮装行為についての規範を判示した前記最判平成18年4月20日民集60巻4号1611頁の規範と同旨の規範を定立しており、当該規範に従って、同視し得るか否かを主張立証していくこととなります。

👆 取消のポイント

隠蔽仮装行為を行うこと若しくは行ったことを認識したか、
容易に認識することができたか、法定申告期限までにその是正や
過少申告防止の措置を講ずることができたかを、それぞれ検討する。

2 法人税

（1）従業員による詐取行為① （裁決平成23年7月6日裁事84集30頁）

事案の 概要

　菓子類の製造販売業を営む法人であったX社のd工場において、使用人であったKが、原材料の配送等の委託をしていたM社に対して、配送等代金を水増しして請求するよう指示し、水増し分に相当する金員を別途受領していました。

　Y税務署長は、Kが受領していた金員は、X社が詐取されたものとして、Kに対する損害賠償請求権の計上漏れを指摘するとともに、当該損害賠償請求権の計上漏れは、X社の行為と同視できるKによる隠蔽・仮装行為に基づくものであるとして重加算税の賦課決定処分をしました。

　Y税務署長の主張する隠蔽行為については、X社の経理処理について理解する必要がありますので、まず、d工場でのL社からの仕入取引の形態について、概観します。

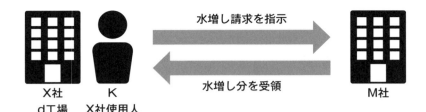

事案の**概要**の続き

消耗備品の代理購入取引

　d工場の資材課長は、d工場資材課で使用する文具等の消耗備品の調達をL社に依頼していた。同課の課長は、L社にX社への納品に際して納品伝票の品名を文具等の消耗備品の品名ではなく、生産ラインで使用する消耗材料の品名として納入するよう依頼し、その対価を同社に支払っていた（本件代理購入取引）。

市販原料（牛乳等）の預け金取引

　d工場資材課は、d工場の生産工程で不足する市販原料（牛乳等）や消耗備品を速やかに調達するため、事前にL社に取引実体のない納品伝票を発行させ、同伝票記載の消耗材料相当額の金員を支払い（X社預け金）、その後において、緊急に上記の市販原料等の調達が必要となった場合に、X社預け金の範囲内で速やかに納品してもらっていた（本件預け金取引）。

原材料の配送等の委託取引

　d工場は、平成9年3月からM社に緊急に調達すべき原材料の配送等の委託を開始した。
　配送等の代金は、配送等の都度、経理課を通してM社に支払われていたが、平成11年ころ、d工場資材課のN課長と同課の使用人であったKの両名は、配送等の都度経理課を通して支払う手間が煩雑であると考え、今後の配送等の代金をL

社を経由して支払うこととした。両名は、M社代表取締役Pに、それまで配送等の都度X社に請求されていた配送等の代金をL社に請求するよう依頼しPもこれを了承した。

　上記の依頼に当たって、NとKの両名は、L社の当時のd営業所長であったQに、M社からL社に請求された配送等代金については、L社において①取引実体のない消耗材料の品名を記載した納品伝票を作成しd工場宛に発行するよう依頼し、②その見返りとして、当該配送等代金の10%相当額の手数料を支払う旨約束した。X社は、L社に対して配送等代金に上記手数料を加えた額を消耗材料の購入として支払っていた（本件M社配送取引）。

本件K取引

　KとPはかつてX社のe工場d営業所で同勤した間柄で、KがM社とX社の取引につき便宜を図ってやったこともあって、平成11年11月ころ、Kは独断で（Nの了承を得ることなく）Pに本件M社配送取引に係る配送等代金を水増ししてL社に請求するよう指示し、L社からM社に対して支払われた金員のうち、水増し分に相当する金員をPから別途受領していた（本件K取引）。本件K取引は、Kが依願退職する平成20年12月まで続いた。

　Kの指示による水増し分は、本件M社配送取引の消耗材料の購入としてX社からL社に支払われていた。

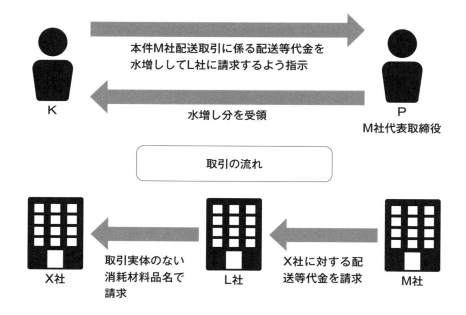

!コメント

　本件K取引は、Kによる詐取取引です。本取引によってX社がKに対して損害賠償請求権を取得することになりますが、当該損害賠償請求権を益金に計上しなかったことが、隠蔽・仮装行為に基づくものであるかが問題となりました。

事案の概要の続き

苺の購入取引

　d工場資材課は、毎年12月中旬以降にクリスマスケーキ用の苺の市場価格が高騰することから、苺の納入業者であるR社と協議の上、苺の市場価格がX社の設定した当初予想価格を超えた場合には、その価格差額分を翌年度の苺の購入価格に上乗せして支払うこととして、クリスマスケーキの製造原価が予算原価から大きく乖離しないように、苺の購入価格を低く抑える対策を講じていた（本件苺取引）。
　ところが、平成14年12月における苺の市場価格の高騰は著しく、本件苺取引

では苺の価格差額分をR社に支払うことができない見通しとなった（本件事業年度末においては、大幅なR社に対する借り（苺購入代金の支払不足）となる。）。

　このため、当時のd工場資材課のS課長は、本件事業年度において上記のR社に対する支払不足分の決済をL社を経由して支払うこととし、当該支払不足分を取引実体のない消耗材料の品名により請求させ、L社に対して手数料として請求額の10％相当額を上乗せして支払っていた（本件苺代払取引）。

　Y税務署長は、L社を相手方とする本件代理購入取引、本件預け金取引、本件M社配送取引、本件K取引、及び本件苺代払取引（以下、これらの取引を総称して「本件L社取引等」という。）のすべてについて、いずれも隠蔽又は仮装された取引であるとして、本件L社取引等において計上した消耗品費の損金算入は認められないとしました。

　本件L社取引等のうち、本件K取引について、X社の隠蔽又は仮装行為と認められるかが争点になりました。

Yの主張する重加算税の要件充足性

　本件K取引は、次のとおり、X社の隠ぺい、仮装行為と同視することができる。
▶Kは、L社から発行される納品伝票のX社における事務処理を事実上一任され、d工場においてこれをチェックする者は他におらず、結局、Kの指示により発行された虚偽の納品伝票の処理が、そのまま消耗品費の計上という形で、X社の会計処理として反映される状況にあったものと認められる。
▶d工場資材課において本件L社取引等の不適切な経理処理が慣行的に行われていたといえる点で、Kによる虚偽の納品伝票の処理を、X社自身による処理としてみなさざるを得ない状況にあったものということができ、Kの行為はX社の行為と同視することができる。

第2章　取消事例の検討　　163

> **Yの主張**
> ①Kは、L社からの納品伝票の事務処理を一任されていた。
> ②Kの上記事務処理をチェックする者はいなかった。
> ③本件L社等取引等の不適切な取引が慣行的に行われていた。
> ④上記から、Kによる虚偽納品伝票の処理もX社による処理とみなさざるえない状況にあった。

↓ したがって

> Kの行為はX社の行為と同視できる。

審判所の判断

上記のY税務署長の主張に対し、審判所は以下のとおり判断します。

まず、本件K取引が隠蔽・仮装行為といえるかについては以下のとおり判示します。

本件K取引について
> 本件は、Kが、Pをだまし、Qに指示して金額が水増しされた配送等代金を消耗材料等とする虚偽の納品伝票をX社宛に発行させる等の隠ぺい、仮装行為をしたものであり、これらの行為は国税通則法第68条第1項にいう隠ぺい、仮装に該当すると認められるところ、X社は、当該消耗品費の架空計上をした決算に基づき法人税の確定申告をしたものと認められる。

審判所の判断の続き

次に、本件K取引がX社の行為と同視できるかについて以下のとおり判示します。

X社の行為と同視できるか。
> ①　Kがd工場資材課に配置されて以後退社するまで長期間にわたり同課におい

て職制上の重要な地位に従事したことがなかったこと及びX社の経理帳簿の作成等に携わる職務に従事したこともなかったこと等から同人が、d工場において単に資材の調達業務を分担する一使用人であったと認められること
② 本件K取引が、K個人の私的費用をX社から詐取するために同人が独断でPに依頼して行ったものであり、当該隠ぺい、仮装行為がX社の認識の下に行われたとは認められないこと

等を総合考慮すると、X社が取引内容の管理を怠り、X社から隠ぺいするためのKの仮装行為を発見できなかったことをもって、当該行為をX社自身の行為と同視することは相当ではない。

| Kがd工場資材課で職制上重要な地位に従事したことはないこと。 | KがX社の経理帳簿の作成等に携わる職務に従事したことはなかったこと。 |

①Kは、d工場において単に資材の調達業務を分担する一使用人であったと認められる。

| 本件K取引は、K個人の私的費用をX社から詐取するために行われた。 | 本件K取引は、Kの独断でPに依頼して行われた。 |

②当該隠ぺい、仮装行為がX社の認識の下に行われたとは認められない。

①②を総合考慮すると、X社が取引内容の管理を怠り、X社から隠ぺいするためのKの仮装行為を発見できなかったことをもって、当該行為をX社自身の行為と同視することは相当ではない。

コメント

Y税務署長は、X社での経理のチェック機能が働いていなかったことと、L社向けに不適切な経理処理が慣行的に行われていたという点を重視して、Kの行為をX社の行為と同視できると主張しましたが、審判所は、あくまで本件K取引におけるX社におけるKの職制上の地位と職務とX社の認識を問題とし、他の取引での不適切な経理処理やX社が取引内容の管理を怠ったことを重視しませんでした。従業員による不正行為によって損害を受けた場合、当該従業員の会社における職制上の地位と職務内容、当該不正行為についての会社の認識を主張立証して、会社の行為と同視できないと主張立証していくこととなります。

取消のポイント

**当該従業員の会社における職制上の地位と職務内容、
会社の認識を確認、検討する。**

（2）従業員による詐取行為② （裁決令和元年10月4日裁事117集12頁）

事案の概要

X社が損金の額に算入した外注費のうち、下請業者への工事発注業務等を担当していたX社の従業員GがGの妻の屋号であるH名義の口座に振り込ませた金員について、Y税務署長が、架空外注費であり、Gによる上記行為はX社による隠蔽又は仮装に該当するとして、重加算税の各賦課決定処分をしました。

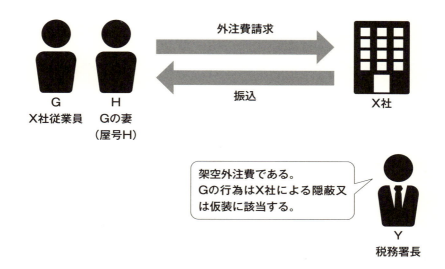

　Y税務署長は、X社が従業員Gの隠蔽行為又は仮装行為について責任を負う理由について以下のとおり主張しました。

Yの主張：法人が責任を負う要件

　法人の従業員による課税標準等の隠蔽又は仮装行為については、当該法人の代表取締役は、適正な納税申告を行うために従業員等を指導・監督すべき義務を負っていると考えられるところ、納税者たる法人の従業員が隠蔽又は仮装行為を行った場合には、当該法人は、法人の機関として役員に行動させ、また、従業員を自らの手足として用いて、活動領域を拡大することによってそこから経済的な利益を得ている以上、その拡大された活動領域において生じる危険ないし責任も負担していると考えられるし、従業員の業務に関連する行為は、当該法人の活動領域内の行為として自己の行為の一部分とみることができるから、従業員の行為が納税者の行為と同視できないといえるような特段の事情がない限り、原則として、当該法人は適正な申告をすべき義務を自ら怠ったものとみて、重加算税の適用対象となるというべきである。

　Y税務署長は、前掲大阪高判平成3年4月24日判タ763号216頁（30頁）

と同様に、特段の事情がない限り、重加算税の適用対象となるとしました。

　Y税務署長は、以下の事実を列挙し、本件において、従業員の行為が納税者の行為と同視できないといえるような特段の事情がないと主張しました。

従業員Gの職務

　Gの業務は、エンジニアリング部において、営業部等から補修工事等の引き合いがあった案件について、施主に対する見積書の作成、現場管理業務及び外注先への発注等であることからすれば、Gが自ら担当する現場の下請業者を選定し、工事を発注することは、Gの業務範囲内の行為であると認められる。本件外注費に係る事実の仮装もかかる業務の一環として行われている。また、本件においては、GによるHに対する支払は、請求書等を出さない外注業者への支払をするため等にプールしておいた金員とみるべきである。

　したがって、Gによる本件行為は業務に関連する行為であると認められる。

X社の注意義務違反

　G以外の者が、下請業者の実態や施工の確認を随時行っていれば、Gによる本件行為を容易に把握できたというべきであるところ、当該行為を把握できなかったのは、X社において、Gに担当現場における下請業者の選定、工事の発注の一切を任せたまま、Gの業務に対する監督が不足していたことが原因というべきであり、X社がGの行為を防止する相当の注意義務を果たしていたとは認められない。

Gの行為の認識可能性

　本件各請求書には、Gの住所「d県g市i町○－○」と極めて近い住所「d県g市h町○－○」が記載されており、そもそも「d県g市h町」という地名自体が存在しないのであるから、決裁の過程において、本件各請求書の記載に不審を抱く機会は十分にあったと認められるので、X社は、Gによる本件行為を容易に認識することができたと認められる。

Yの主張

本件行為は業務に関連する行為である。

X社の注意義務違反がある。

X社は本件行為を容易に認識可能だった。

→ 特段の事情はない。

審判所の 判断

　　従業員Gが行った行為が隠蔽行為又は仮装行為に該当するかも争点となりましたが、審判所は、従業員Gの行為を「仮装」に該当するとしたうえで、法人であるX社が従業員の隠蔽仮装行為の責任を負う要件について、以下のとおり判示しました（29頁参照）。

法人が従業員の隠蔽仮装行為の責任を負う要件

　納税者が法人である場合、法人の従業員など納税者以外の者が隠蔽又は仮装する行為を行った場合であっても、それが納税者本人の行為と同視することができる場合には、納税者本人に対して重加算税を賦課することができると解するのが相当である。

　そして、従業員の行為を納税者本人の行為と同視できるか否かについては、①その従業員の地位・権限、②その従業員の行為態様、③その従業員に対する管理・監督の程度等を総合考慮して判断するのが相当である。

審判所の 判断 の続き

　　審判所は、上記の判断基準を基に以下のとおり判示しました。

①従業員の地位・権限

　Gは、X社の経営に参画することや、経理業務に関与することのない一使用人であったと認められる。

第2章　取消事例の検討　　169

②従業員の行為態様

本件行為は、X社の業務の一環として行われたものではなく、Gが私的費用に充てるための金員をX社から詐取するために独断で行ったものであると認められる。

③従業員に対する管理・監督の程度

X社においては、一定の管理体制が整えられていたものの、本件行為のような詐取行為を防止するという点では、管理・監督が十分であったとは認められない。

結論

①職制上の重要な地位に従事せず、限られた権限のみを有する一使用人が、②独断でX社の金員を詐取したという事件の事情に鑑みれば、③Gに対するX社の管理・監督が十分ではなく、本件行為を発覚できなかったことをもって、本件行為をX社の行為と同視することは相当ではない。

審判所の判断

①従業員の地位・権限

Gは、X社の経営に参画することや経理業務に関与することのない一使用人であった。

②従業員の行為態様

本件行為は、X社の業務ではなく、Gが私的費用に充てるための金員をX社から詐取するために独断で行ったものである。

③従業員に対する管理・監督の程度

X社において、本件行為のような詐取行為を防止するという点では、管理・監督が十分であったとは認められない。

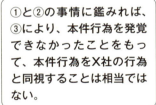

①と②の事情に鑑みれば、③により、本件行為を発覚できなかったことをもって、本件行為をX社の行為と同視することは相当ではない。

!コメント

　審判所は、従業員の行為を納税者本人の行為と同視できるか否かについては、①その従業員の地位・権限、②その従業員の行為態様、③その従業員に対する管理・監督の程度等を総合考慮して判断するとしたうえで、①従業員に職制上の権限がなく、②X社に対する詐取するために独断で行ったという事件の事情から、③管理監督が不十分であってもX社の行為とは認められないとしました。総合考慮によりどのように判断されるかは今後の事例の積み重ねによりますが、③の管理監督が不十分であってもX社の行為とはみなさなかった事例判断として参考になるものと思われます。この①から③の事実を詳細に調査し、X社の行為と同視することが相当かを検討することになります。

取消のポイント

①その従業員の地位・権限、②その従業員の行為態様、③その従業員に対する管理・監督の程度等を、それぞれ詳細に調査検討する。

第2章　取消事例の検討　171

5 特段の行動とは認められないとされた事例

1 所得税

（1）収入の除外（岡山地判平成21年10月27日税資259号順号11300）

事案の概要

　Xは、税理士であり、記帳代行を行うB社の代表取締役でもあったところ、顧問料等の入金を記帳する顧問料ノートと、顧問料ノートから決算料に係る項目を抽出して決算料メモを作成していました。それにもかかわらず、Xが、その所得をゼロとし、あるいはそのごく一部だけを作為的に記載した申告書を提出し続けていたとして、Y税務署長は、重加算税の賦課決定処分をしました。

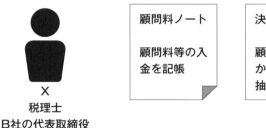

　Y税務署長は、以下の行為が特段の行動の要件に該当すると主張しました。

Yの主張する特段の行動の要件充足性

　約45年に及ぶ経験を有する税理士であるXは、顧問料ノートや決算料メモ等の資料により、容易に、かつ、より正確にX個人の収入を把握できることを十分に認識、理解していたにもかかわらず、Xは正確に現実の収入を把握できる帳簿等の各種資料を確認することなく確定申告を行い続けて、過少申告ないしは無申告を生じさせたものである。そのような確定申告をすれば過少申告又は無申告が生じることが必定であるから、Xは当初から過少申告又は無申告を意図して確定申告書を提出し続けたというべきであり、本件は、当初から所得を過少に申告することを意図し、その意図を外部からもうかがい得る特段の行動をした上、その意図に基づく過少申告をした場合であることは明らかである。

Yが特段の行動と主張した要素

▶約45年の経験を有する税理士である。

▶顧問料ノートや決算料メモ等の資料により、収入を把握できることを認識していた。

▶帳簿等を確認せずに確定申告を続けた。

▶過少申告ないし無申告を生じさせた。

裁判所の 判断

　裁判所は、Xは、申告にあたり、顧問料ノートを確認しておらず、決算料メモも確認していなかったという事実を認定し、収入除外は、Xが、単に本件各決算料メモの存在を失念し、ずさんな態度で自らの所得税の確定申告をし続けたのが真相というべきとしました。

> Xは、申告にあたり、顧問料ノート、決算料メモを確認していなかった。

> 収入除外は、Xが決算料メモを失念し、ずさんな態度で確定申告をし続けたのが真相である。

裁判所の判断の続き

　Y税務署長の主張する特段の行動の要件充足性については以下のとおり判示しました。

特段の行動の要件該当性

　単に、過少申告となることを予見し、認容していたとしても、これのみでは通則法68条所定の仮装・隠ぺいというには不十分であるといわざるを得ず、Xが、所得税の課税標準等又は消費税等の税額等の計算の基礎となるべき事実である顧問料ノート又は決算料メモに記載された収入金額から、当初の確定申告書の所得の内訳書中Xが概算で申告したとする収入を除いた収入金額に係る収入を、隠ぺいし、又は仮装し、これに基づいて、過少に申告し、又は申告しなかったと認めることはできない。

> 過少申告となることを予見し、認容していたこと。

> これのみで仮装・隠蔽というには不十分。

> Xが、顧問料ノート又は決算料メモに記載された収入金額からXが概算で申告したとする収入を除いた収入金額に係る収入を、隠ぺいし、又は仮装したと認めることはできない。

コメント

　特段の行動の要件として、過少申告となることを予見し、認容しているだけでは足りないとした点で重要な判決といえます。Xは、自らの正確な収入を把握しておらず、申告した所得額が過少であるか否かについても分かっていなかったため、隠蔽・仮装とは認められなかったものと思われます。本判決は、Xの対応について、詳細な事実認定をしており、Xは税理士としては相当に問題があるとの判示もされています。本書では、大幅に要約し、結論部分しか紹介していませんので、詳細な事実関係は原文をご確認ください。

　控訴審（広島高裁岡山支判平成22年10月28日税資260号順号11542）は、上記の判断を維持した上で、さらに以下の判断を加えます。

控訴審の 判断

　控訴審は、本件の過少申告等は、正確な申告をしようという意識に欠けるXが、多忙さと体調不良にまぎれ、必要な帳簿類を確認することなく、上記ずさんな態度で自らの所得税の確定申告をし続けたものに過ぎないとみる余地が多分にあるとし、また、多額の申告漏れについて、その率も年々異なっており、規則性、計画性は窺えないということを指摘した上で以下のとおり判示しました。

多額の申告漏れが継続していることについて

　多額の申告漏れが続いたことを含めて考えても、Xにおいて、自己個人に帰属する収入がより多いことを認識していながら、あえてこれを申告しなかったとまで認めることはできず、まして自己の個人収入の詳細を認識した上、作為的に一定の収入を除外して申告をしたものとまでは認められない。

第2章　取消事例の検討　175

控訴審の **判断** の続き

　Xの過少申告の意図については、以下のとおり判示しました。

過少申告の意図

　Xは、上記各資料の確認・精査を怠ったため、自己の収入に関する事実を十分に把握していなかった上、B社に帰属するのか自己に帰属するのかについても適正明瞭な判断ができていなかったために、多額の申告漏れを生じさせたのであって、正しい収入額と申告収入額との差額について、過少申告の意図自体を認めることはできず、過少申告の意図を外部から窺いうる特段の行動をしたものと認めることもできないのであるから、Xに隠ぺい、仮装と評価すべき行為があったとはいえない。

控訴審の **判断** の続き

　さらに、Xが収入を認識しながら除外したというY税務署長の主張について以下のとおり判示しました。

過少申告の認識と特段の行動

　Yは、種々の根拠を挙げて、Xが申告をしていない決算料収入の中に、Xがこれを認識しつつ除外したものがあると主張する。しかし、仮に上記Y主張の事実が認められるとしても、上記認識を持つことや実際の収入を記録する行為は所得を過少申告する意図を外部からうかがい得る特段の行為とはいえず、それだけでは、課税標準等又は税額等の計算の基礎となるべき事実の全部又は一部を隠ぺい又は仮装し、隠ぺい又は仮装したところに基づき納税申告書を提出したとはいえないから、重加算税の賦課要件は満たされないというべきである。

！コメント

　税理士が、毎年継続して過少申告しているという事実は、通常、過少申告を意図して繰り返していると推認されますが、本件の場合、Xのずさんな対応を詳細に認定した上で、そもそもX自身が自らの正確な収入を把握していないという認識を認定し、過少申告の意図を認定することはできないとしました。申告漏れの率が毎年異なっ

ており規則性がないことも重要な事実として指摘されたものと思われます。かなり珍しいケースではありますが、そもそも本人が正確な収入を把握していたのか、どの程度具体的に認識していたのかという点は、過少申告の意図を認定するうえで重要といえます。過少申告となった原因を詳細に検討することがポイントとなるといえます。

取消のポイント

本人が正確な収入、申告額との差額をどの程度具体的に把握していたのかを確認する。

（2）給与所得者によるFX取引（裁決平成20年12月18日裁事76集42頁）

事案の概要

給与所得者であるXが平成17年分及び平成18年分（本件各年分）の所得税の確定申告において、外国為替証拠金取引（FX取引）に係る所得金額を含めないで申告したことについて、Y税務署長が、隠ぺい・仮装の行為があったとして重加算税の各賦課決定処分をしました。

X
給与所得者

所得税の確定申告

2年続けてFX取引を含めなかった。

第2章　取消事例の検討　177

Yの主張する特段の行動の要件充足性

　FX取引に係る所得の申告義務等については、本件各FX取引先の周知状況からみて、Xは、同所得に係る申告義務等について認識し得る状況にあったこと、本件FX取引に係る雑所得の金額が、Xの各年分の給与所得の金額の約14倍から16倍とXにとって多額の金額となること、及びXは、平成18年分の給与所得者に係る年末調整に際し、住宅借入金等特別控除申告書の「年間所得の見積額」欄を空欄のまま勤務先に提出していることなどの一連の行為をもって、Xが、本件FX取引に係る真実の所得金額を隠ぺいすることを意図し、その意図を外部からもうかがい得る特段の行為をし、その意図に基づいた過少申告をしたとし、これらの行為を総合勘案すれば、重加算税の課税要件を充足している。

Yが特段の行動と主張した要素

▶FX取引に係る所得の申告義務等について認識し得る状況にあった。

▶XのFX取引に係る所得額が給与所得の14倍から16倍であった。

▶Xは、住宅借入金等特別控除申告書の「年間所得の見積額」欄を空欄のまま勤務先に提出した。

審判所の 判断

過少申告の意図

　Xは、本件FX取引に係る所得の申告義務について、D社の「ご利用マニュアル」及びE社のホームページ上において知ることが可能であったこと、また、XのパソコンでFX取引事績を確認すれば売買損益を知ることができたことから、本件FX取引に係る所得の申告義務及び多額の所得があったことについては認識していたのではないかという疑いも存する。

　しかしながら、本件FX取引に係る税務上の取扱いについて、Xが

税理士等の専門家に相談したといった事実は認められず、また、当初申告当時、Xは、本件FX取引に係る所得について、株式の売買等の場合と同様に、源泉分離課税であると誤解していた可能性も否定できず、Xが当初から所得を過少に申告する意図を明らかに有していたことまでは認められない。

Xが税理士等の専門家に相談した事実は認められない。

Xが源泉分離課税であると誤解していた可能性も否定できない。

Xが当初から所得を過少に申告する意図を有していたとは認められない。

審判所の 判 断 の続き

特段の行動

Xが、平成18年分の給与所得者に係る年末調整に際し、住宅借入金等特別控除申告書の「年間所得の見積額」欄を空欄のまま勤務先に提出した行為についても、仮にXが本件FX取引に係る所得が源泉分離課税であると誤解していたとすれば、同欄を空欄にして提出する可能性もあり得る。

原始資料等をあえて散逸したり、虚偽の答弁、虚偽資料を提出するなど本件調査に非協力であったという事実もないことからすれば、Y税務署長が主張する事実をもって、直ちに、Xが当初から所得を過少に申告することを意図し、その意図を外部からもうかがい得る特段の行為をした上で、その意図に基づいて過少申告をしたものということはできない。

```
┌─────────────────────────────────────────┐
│ 住宅借入金等特別控除申告書の「年間所得の見積額」欄を空欄のま │
│ ま勤務先に提出した行為                      │
└─────────────────────────────────────────┘
```

```
┌─────────────────────────────────────────┐
│ 源泉分離課税であると誤解していたとすれば、同欄を空欄にして提 │
│ 出する可能性もある。                       │
└─────────────────────────────────────────┘

┌─────────────────────────────────────────┐
│       調査に非協力であったという事実もない。          │
└─────────────────────────────────────────┘
```

```
┌─────────────────────────────────────────┐
│ Y税務署長が主張する事実をもって、特段の行動の要件を満たすと │
│ はいえない。                            │
└─────────────────────────────────────────┘
```

!コメント

　審判所は、過少申告の意図の有無と特段の行動をそれぞれ検討し、いずれもXが株式の売買等と同様に源泉分離課税であると誤解した可能性が否定できないとして、重加算税の賦課決定処分を取り消しています。本件では、給与所得者であり、普段確定申告をしておらず、税理士にも相談していないこと、税務調査への非協力もなかったことを有利な事情として考慮しており、給与所得者についてはこれらの事情も十分に検討する必要があるでしょう。

取消のポイント

普段から確定申告をしているか、税理士への相談の有無、
税務調査への非協力の事実がなかったかを確認する。

（3） 収支内訳書の虚偽記載 （裁決平成27年7月1日裁事100集15頁）

事案の概要

> 個人で電気工事業を行っていたXが提出した平成20年分から平成23年分（本件各年分）の所得税の申告について、Y税務署長が、Xは正当な売上金額を把握できたにもかかわらず、恣意的に操作して算出した売上金額により所得税の収支内訳書を作成するなどしたことは隠蔽又は仮装に該当するとして、重加算税の賦課決定処分をしました。なお、過少申告の意図も争点となりましたが、Y税務署長の主張どおり認められており、下記の特段の行動の有無について、審判所はY税務署長とは異なる判断をしました。

X
電気工事業

所得税申告

平成20年分
から
平成23年分

恣意的に操作して算出した売上金額で収支内訳書を作成した行為は隠蔽仮装である。

Y
税務署長

Yの主張する特段の行動の要件充足性

Xは、過少申告の意図に基づき、次の①ないし③のとおりの行為をしていた。
① K社からの日々の売上金額（Xが同社に対して請求すべき金額）を記載した本件売上金額メモと同様のメモ書を廃棄していたこと。
② 本件税額メモと同様の本件各年分の納税額を過少申告する際に試算したメモ書を廃棄していたこと（Xが試算のために作成し、廃棄した旨Yが主張する当該メモ書を「本件試算メモ」という。）。
③ 本件各年分の各収支内訳書（本件収支内訳書）に、何ら根拠のない収入金額及び必要経費の額を記載していたこと。

審判所の判断

①本件売上金額メモと同等のメモの廃棄

売上金は、全て本件口座に振り込まれ、しかも本件通帳は保存されていたこと、XはK社から月度の売上金額が記載された本件支払内容確認書等を受け取っていたこと、及び本件売上金額メモが発見された経緯は、J事務官が、平成24年12月10日にXから提示を受け、預かった本件領収書の中にあったというものであり、本件売上金額メモ以外に同様の記載がある書類がなかったことについて特に不自然な点はないことからすると、Xが廃棄をしたのは、単に当該メモ書を保存しておく必要がなくなったからである可能性が十分に考えられ、正当な売上金額を秘匿するために捨てたとは認め難い。

②本件試算メモの廃棄

Xが本件各年分の所得税の申告に当たって本件試算メモを作成していたことは認められず、もとよりXがそれらを破棄した事実もまた、認められる余地はない。

③収支内訳書の虚偽記載

Xが何ら根拠のない収入金額及び必要経費の額を本件収支内訳書に記載していたことは、過少申告行為そのものであって、過少申告の意図を外部からもうかがい得る特段の行動に当たるとは評価できない。

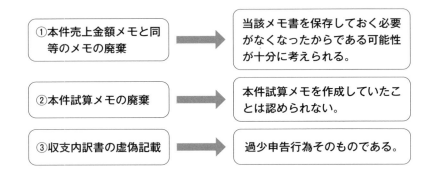

審判所の **判断** の続き

> **結論**
>
> Y税務署長が主張するXの行為については、いずれも「当初から所得を過少に申告することを意図し、その意図を外部からもうかがい得る特段の行動をした」とは評価できないものか、行為そのものが認められないものである。

❗コメント

　審判所は、過少申告の意図を継続して有していたことを認定した上で特段の行動がないとしました。特段の行動について、Y税務署長の主張する3点についてそれぞれ判断をしました。①売上金額メモについては、メモの廃棄の事実は認められますが、他の証拠から売上の把握は可能であるため、隠蔽のために廃棄したものではなく、不要なので廃棄した可能性があるとし、②税額試算メモについては作成していたことが認められないとし、③収支内訳書の虚偽記載については、過少申告行為そのものであり特段の行動とはいえないとしました。①については廃棄の事実を認めたうえで異なる目的で廃棄した可能性を主張立証することで特段の行動の要件を満たさないものとすることができることを示すものです。③については収支内訳書の虚偽記載が過少申告行為そのものであり、特段の行動の要件の要素とはならないことを明らかとしたものであり、今後の事例においても参考になるものといえます。

　なお、本裁決について、澤井勝美税務大学校研究部教授は「虚偽記載の添付書類を隠ぺい、仮装と認める学説の動向から考えると、収支内訳書は納税申告書の添付書類であること、収支内訳書の作成は申告準備行為であり、さらにうっかりと集計違算があったというのではなく、何ら根拠のない数値が記載されていると認定されていることからすると、事実に反する計算書類の作成として隠ぺい又は

第2章　取消事例の検討　**183**

仮装行為と考えられ、この点における当該裁決には疑問がある[21]」としています。また作田隆史税務大学校研究部教授は、「条文で賦課要件として問題になるのは『申告行為』ではなく、『申告書の提出』であり、それとは別の『隠ぺい仮装行為』である。収支内訳書は『申告書』ではない。そして、そこに、例えば売上先別の売上げの虚偽記載があれば、それは明らかに『課税標準の計算の基礎となる事実の隠ぺい仮装』であり、それは税務職員による調査先の選定を難しくするし、正確な課税標準や税額の把握を困難にする行為である。それなのに、裁決ではなぜ重加算税が取り消されているのだろうか。」「公表された裁決書からは、裁決の結論が正しいと判断することはできない[22]。」などとしています。しかし、収支内訳書は申告以外で納税者が作成するものではないため（申告が不要であれば作成することはないため）、申告書のみ提出して収支内訳書を提出しなければ重加算税は課されないが、収支内訳書を提出して記載に誤りがあったがために重加算税が賦課されることとされれば、納税者の理解を得られないでしょう。申告は、納税者にとっては時間とコストがかかるだけで可能な限り手間を省きたい作業です。もし申告書の添付書類に虚偽記載があれば重加算税の賦課要件を満たすというのであれば、納税者が記載しなければならない添付書類を増やし、その添付書類に虚偽記載があった場合は重加算税を賦課できるということになりますが、そのような法律や解釈はあまりにも不合理です。私は、申告をする納税者だけが作成義務を負う申告書添付資料の虚偽記載は、過少申告行為そのものと評価すべきと考えます。

　なお、裁決令和元年6月24日裁事115集64頁も、故意に収支内訳

21　澤井勝美「無記帳者の重加算税について」税務大学校論叢84号（2016）261頁
22　作田隆史「重加算税の要件における『特段の行動』再考―国税不服審判所裁決『収支内訳書に虚偽記載をしただけでは、隠ぺい仮装があったとは認められないと判断した事例』を素材として―」税大ジャーナル第29号（2017）100-101頁

書に虚偽の記載をした事実を認定しましたが、隠蔽行為又は仮装行為とは認められないとして、重加算税の賦課決定処分を取り消しています。

取消のポイント

資料を廃棄した目的を確認する。
収支内訳書の虚偽記載は過少申告行為そのものであって、
隠蔽・仮装行為には該当しない。

---

2 法人税

（1）経理処理（裁決平成23年2月23日裁事82集25頁）

事案の 概要

　X社が、仮受金勘定に計上された金額は売上げに計上すべきであったなどとして法人税並びに消費税及び地方消費税の修正申告をしたところ、Y税務署長が、X社の仮受金に関する経理処理が隠ぺい又は仮装に当たるなどとして重加算税の賦課決定処分をしました。Y税務署長の主張する隠蔽行為については、X社の経理状況について理解する必要がありますので、まず、X社の経理状況を概観します。

X社の事業

　X社の主な事業は、スーパーマーケット又はデパート等（スーパー等）の店頭などの場所を借りて、第三者に商品の販売を行わせるものであり（X社の事業を「本件事業」といい、商品の販売を行う第三者を「本件売子」という。）、本件売子がX社から仕入れた商品を販売する取引（本件販売員取引）と本件売子が自ら調達した商品を販売する取引（本件帳合先取引）の2つの形態がある。

第 2 章　取消事例の検討　185

本件事業
スーパー等の店頭を借りて本件売子に商品の販売を行わせる。

本件売子

スーパー等

本件販売員取引 本件売子がX社から仕入れた商品を販売する取引

本件帳合先取引 本件売子が自ら調達した商品を販売する取引

事案の概要の続き

取引代金の決済等

X社は、スーパー等から、本件事業に係る商品販売の売上金のうちスーパー等の取り分（本件歩銭）を差し引かれた後の金員（本件受取金員）を受け取り、当該金員から、次の①から④までの各金員を控除した後の金員（本件売子支払金員）を本件売子に支払っている。

① X社の収入となるロイヤリティ（本件帳合料収入）。
② スーパー等の販路の拡張に携わった者（本件拡張員）に支払う帳合料（本件拡張員帳合料）。
③ X社が、本件売子に対して提供した本件事業に係る商品販売に使用する販売台や車両などの賃料収入等（本件リース料収入）。
④ X社からの仕入代金など及びX社が立て替えて支払った本件事業に係る商品販売における各種の経費（本件立替経費）など。

本件事業に係る商品販売の売上金

スーパー等取り分（本件歩銭）を控除

X社が受け取る（本件受取金員）。

①本件帳合料収入
②本件拡張員帳合料　　｝控除
③本件リース料収入
④本件立替経費

本件売子に本件売子支払金員を支払う。

事案の 概要 の続き

本件売子支払金員の支払に際して作成される帳票

　X社は、本件販売員取引に関し、本件売子ごとに支払明細書と題する帳票（本件支払明細書）を作成しているところ、当該帳票には、本件事業に係る商品販売の売上額のほか、本件歩銭及び本件拡張員帳合料の率並びに同売上額から本件歩銭及び本件拡張員帳合料を控除した額が記載され、そのほか、本件帳合料収入、本件リース料収入及び本件立替経費の額などの控除金額並びにその控除後の本件売子支払金員が記載されている。

　本件帳合先取引に関しては、本件売子ごとに御取引先別台帳と題する帳票（本件御取引先別台帳）を作成しているところ、当該帳票には、本件事業に係る商品売上額、同商品売上額から本件売子に支払われる金額及びその同商品売上額に対する支払割合を表記しているほか、1か月の合計額が末尾に記載され、本件リース料収入及び本件立替経費などが発生したものについては、本件御取引先別台帳の各月の取引の末尾に、本件リース料収入及び本件立替経費の額などが手書きで記載され、これらの金員を控除した後の金員が、本件売子支払金員となる旨が記載されている。また、本件帳合先取引に係る本件帳合料収入については、スーパー等ごとに集計した表（本件帳合料収入一覧表）を作成している。

本件販売員取引	本件帳合先取引

支払明細書	御取引先別台帳
・商品販売の売上額 ・本件歩銭 ・本件拡張員帳合料の率 ・売上額から本件歩銭及び本件拡張員帳合料を控除した額 ・本件帳合料収入 ・本件リース料収入 ・本件立替経費の額 ・本件売子支払金員	・商品売上額 ・商品売上額から本件売子に支払われる金額 ・商品売上額に対する支払割合 ・1か月の合計額 ・本件リース料収入の額 ・本件立替経費の額

本件帳合料収入一覧表
スーパー等ごとに集計した表

事案のの続き

> X社に仮受金が残ることとなった原因については、以下のとおり認定されました。
>
> **X社における経理処理**
>
> X社が収受した本件受取金員については仮受金勘定に計上され、本件帳合料収入については仮受金勘定から売上勘定に振り替えられていたところ、本件拡張員帳合料については、その支出時に外注費勘定に計上する経理処理はされていたものの、それに対応する仮受金勘定について売上勘定に振り替えられておらず、本件リース料収入及び本件立替経費については、固定資産の減価償却費の計上や経費処理などがされていたところ、それに対応する仮受金勘定について、本件販売員取引に関する分は売上勘定などに振り替えられたが、本件帳合先取引に関する分は同じ経理処理がされなかったため、仮受金勘定のまま残ることとなった。

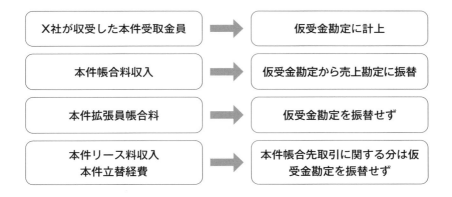

 以上のX社における経理処理を前提として、Y税務署長は、以下のとおり特段の行動の要件を満たすと主張しました。

Yの主張する特段の行動の要件充足性

① X社が仮受金勘定の残高の中にX社の所得となるものが含まれているとの認識がありながら、あえて適正な経理処理をせずに放置していたこと
② 本件拡張員帳合料の支払について現金出納帳に虚偽の記載をしたり、D税理士に具体的に説明しなかったことによって外注費として計上させたこと
③ 本件御取引先別台帳をD税理士にあえて提出しなかったこと

などの事実をもって、隠ぺい又は仮装の行為である又は所得を過少に申告する確定的な意図を外部からうかがい得る特段の行動といえる。

審判所の 判断

　　審判所は、上記のY税務署長の主張の①から③について、それぞれ以下のとおり判示します。

③本件御取引先別台帳をD税理士に提出しなかったこと

　X社は、本件販売員取引につき、本件拡張員帳合料の率が記載されている本件支払明細書をD税理士に提出していた一方、本件帳合先取引については、当該取引に係る本件拡張員帳合料が計上されている現金出納帳をD税理士に提出していたことからすれば、本件帳合先取引の明細が記載された本件御取引先別台帳をD税理士に提出していないとはいえ、D税理士において本件販売員取引及び本件帳合先取引のいずれに関しても本件拡張員帳合料が発生していることを容易に知り得るだけの資料を提出していたというべきである。そして、本件御取引先別台帳の保管状況はそれが隠匿されていたとはいい難いものであり、本件調査におけるX社の態度は本件御取引先別台帳を隠匿しようという態度であるとはいい難い。

| 本件販売員取引につき、本件拡張員帳合料の率が記載されている本件支払明細書をD税理士に提出。 | 本件帳合先取引については、当該取引に係る本件拡張員帳合料が計上されている現金出納帳をD税理士に提出。 |

↓

D税理士において本件販売員取引及び本件帳合先取引のいずれに関しても本件拡張員帳合料が発生していることを容易に知り得るだけの資料を提出していた。

本件御取引先別台帳の保管状況は隠匿されていたとは言い難い。

↓

本件調査でX社が本件御取引先別台帳を隠匿しようという態度とは言い難い。

審判所の 判断 の続き

③小括

　以上によれば、本件御取引先別台帳がD税理士に提出されていなかった事実があっても、その保管状況や本件調査時のX社の態度、事実関係が明らかになる他の資料をD税理士に提出していることなど事実の隠ぺい又は仮装の故意を有する者及び過少申告の意図を有する者の行動にしては不自然な事実が認められることに照らすと、かかる事実がX社の故意によるものであるといえないだけでなく、この事実からX社に過少申告の確定的な意図があったとまでいうこともできない。

審判所の**判断**の続き

②本件拡張員帳合料の経理処理について

X社における仮受金勘定を利用した経理処理は、設立当初の関与税理士主導の下に行われたものであり、現金出納帳の記載についても設立当初から行われているものであって、Eが、X社の設立当初から関与税理士がD税理士に代わった後もX社の決算等を担当してきていることを併せて考えると、EがX社の取引形態を熟知しており、X社の帳簿等の記載については設立当初の関与税理士及びEが深く関与していたと認められる。

仮受金勘定を利用した経理処理は、設立当初の関与税理士主導の下に行われた。	現金出納帳の記載についても設立当初から行われている。	Eが、X社の設立当初からX社の決算等を担当してきている。

EがX社の取引形態を熟知しており、X社の帳簿等の記載については設立当初の関与税理士及びEが深く関与していた。

審判所の**判断**の続き

②小括

以上の事実からすると、まず、X社の経理処理の方法を主導したのが設立当初の関与税理士であるから、X社が主導的にD税理士に誤った経理処理をさせたとの事実の存在には疑問を抱かざるを得ず、D税理士の事務員であるEが、X社の取引について既に熟知しており、設立当初の関与税理士主導の下に経理処理の方法が確立していたのであるから、X社が取引内容の具体的説明をD税理士自身にしなかったからといって、それが故意の隠ぺい又は仮装の行為であるとか、過少申告の確定的意図を外部からうかがい得る特段の行動であるなどということはできない。また、上記の事実に照らすと、現金出納帳の記載についても税理士若しくはEの指導に基づくものである可能性を否定できず、これをもって、X社が故意に誤った記載をしたものとまでいうことはできないだけでなく、X社に過少申

> 告の確定的意図があったということもできない。

```
┌─────────────────────────────────────┐
│ X社の経理処理の方法を主導したのは設立当初の関与税理士 │
└─────────────────────────────────────┘
                    ↓
┌─────────────────────────────────────┐
│ X社が主導的にD税理士に誤った経理処理をさせたというのは疑問 │
└─────────────────────────────────────┘

┌─────────────────────────────────────┐
│ D税理士の事務員であるEが、X社の取引について熟知 │
└─────────────────────────────────────┘
                    ↓
┌─────────────────────────────────────┐
│ X社が取引内容の具体的説明をD税理士にしないことが隠蔽仮装と │
│ はいえない。                            │
└─────────────────────────────────────┘
```

審判所の 判断 の続き

①仮受金勘定の経理処理について

　X社は、仮受金勘定が増加していることの認識はあったものの、X社とD税理士及びEとの間での認識の相違及び意思疎通の欠如などにより、具体的な要因を解明することなく、正当な経理処理を行わないまま放置していたと認められる。また、平成19年1月期に仮受金勘定の一部を売上げに振り替える経理処理を行っているものの、これは、仮受金勘定の増加要因が解明されたからではなく、仮受金勘定の増加要因を具体的に特定するまでには至っていなかったと認められる。

> X社は、仮受金勘定が増加していることの認識はあった。

> X社とD税理士及びEとの間での認識の相違及び意思疎通の欠如

> 具体的な要因を解明することなく、正当な経理処理を行わないまま放置していた。

審判所の**判断**の続き

①小括

これらのことからすれば、X社、D税理士及びEが、帳簿書類等について十分な検討をし、かつ、意思疎通を十分に図るなどして原因を解明して適正な経理処理をすべきであり、X社の経理処理が適正さを欠いた処理であったことについて非難を加えられるべきことであったとしても、X社が積極的な意思をもってあえて適正な経理処理を行うことなくこれを放置したとまで認めるには至らず、かかる仮受金勘定の誤った経理処理をもって、故意の隠ぺい又は仮装の行為や過少申告の確定的意図を外部からうかがい得る特段の行動があったとまでいうことはできない。

> X社が積極的な意思をもってあえて適正な経理処理を行わずに放置したとは認められない。

> 仮受金勘定の誤った経理処理をもって、特段の行動があったとまでいうことはできない。

！コメント

　経理処理の誤りが、故意によるものか過失によるものかを判断するには、経理処理の詳細な事実認定が必要になります。本件も、まずX社の経理処理を詳細に認定した上で、誤った処理が発生した原因を特定しています。そのうえで、誤った処理が故意によるものか否かを詳細に認定し、当該経理処理が故意によるものとはいえないとしたものです。経理処理が問題となった場合は、本件のように詳細に経理処理を確認していく必要があるといえます。

取消のポイント

経理処理を確認し、誤った経理処理が発生した原因を特定した上で、誤った経理処理が故意によるものか否かを確認します。

3　相続税

（1）意図的な過少申告（東京地判平成18年9月22日税資256号順号10512）

事案の概要

　Xは、被相続人Aの遺産を確認する際に、相続人であった公認会計士・税理士のBとともにメモ（本件メモ）を作成しました。本件メモには、Xの当初申告には含まれていなかったA名義の財産が入っていました。遺産分割協議において、相続人Cから相続財産が網羅されていないとして、遺産の全体像を明らかにするようにと要求があったため、Bが残高証明書等を取得して、Aの遺産の明細書（本件明細書）を作成し、遺産分割協議においてCに交付しました。本件明細書にもXの当初申告に含まれていなかったA名義の財産が入

第2章　取消事例の検討　195

っていました。

　Xは、A名義の財産の一部を当初申告から除外して申告していましたが、税務調査を受けたことから、A名義の財産で当初申告から漏れていたものを含めて修正申告をしました。

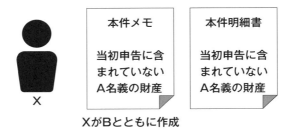

　Y税務署長が、当該修正申告に伴う増差税額について、隠蔽、仮装行為に基づくものとして重加算税の賦課決定処分をしました。なお、Y税務署長の主張する隠蔽・仮装行為の詳細は、判決文からは明らかではありません。

裁判所の 判断

過少申告の意図

　Xは、BとともにAの遺産の確認作業に当たっていたというのであるから、少なくともXにおいては、A名義及びそれ以外の名義に係る相続財産の内訳を整理して記載した本件メモ及び本件明細書の内容を確認済みであり、そこに記載された各株式がAの遺産に属する

ことを認識していたものであって、本件メモがXも関与した確認作業の過程で作成されたものであることからすれば、Xは、少なくとも本件期限内申告時において、相続財産を過少に申告することを意図していたものとみることができる。

Xは本件メモと本件明細書に記載された株式がAの遺産であることを認識していた。

本件メモはXも関与した確認作業の過程で作成された。

Xは、本件期限内申告時において、相続財産を過少に申告することを意図していた。

審判所の 判断 の続き

過少申告の意図と隠蔽仮装行為の関係

XがAの株式保有の事実を認識していたとしても、その名義自体がAのものとされている以上、そこに隠ぺい・仮装があったとみるのは困難というほかない。そうすると、Aの行為は、本件修正申告の増差税額との関係では、重加算税の賦課要件を満たさないものといわざるを得ない。

相続財産の名義自体がAのものとされている以上、そこに隠ぺい・仮装があったとみるのは困難である。

Aの行為は、重加算税の賦課要件を満たさないものといわざるを得ない。

コメント

　裁判所は、Xが過少申告の意図を有していたと認定しましたが、A名義の財産を申告から除外しただけでは、隠蔽行為又は仮装行為とはいえないとしました。故意による過少申告だけでは重加算税の賦課要件を満たさないことを確認した判決といえます。

　本判決では、第三者名義のAの遺産については重加算税の賦課要件を満たすとしており、重加算税の賦課要件のあてはめを理解するうえで好個の裁判例といえます[23]。同様に、意図的に過少申告をしただけでは重加算税の賦課要件を満たさないとした裁決として、裁決平成9年12月9日裁事54集94頁があります。

取消のポイント

過少申告の意図があったとしても、被相続人名義の財産を相続税の申告から除外しただけでは重加算税の賦課要件を満たさない。

（2）お尋ね書の虚偽記載 （裁決平成26年4月17日裁事95集22頁）

事案の 概要

　Xが相続税の期限後申告書を提出したところ、Y税務署長が、Xが法定申告期限までに申告書を提出しなかったことについては特段の行動の要件を満たすとして重加算税の賦課決定処分をしました。

23　本判決については、拙著『図解　税務調査対応の法的反論マニュアル』（日本法令、2023）62頁以下で詳しく取り上げているので、興味のある方はご参照ください。

Yの主張する特段の行動の要件充足性

　Xが、①本件調査担当職員に対し、被相続人から相続により取得した財産は、基礎控除額を下回っている旨の虚偽の申述を行ったこと、②本件調査担当職員に対し、本件お尋ね回答書に一部の財産のみを記載した動機について、税務署に知られたくなかったことである旨申述したこと、③K税務署長に対して、遺産を過少に記載した本件お尋ね回答書を提出したことの各事実から、申告しない意図が存在したと認められる。

　Xが、本件預貯金をX名義の預金に預け替え、本件有価証券をX名義に変更した上、遺産を過少に記載した本件お尋ね回答書を提出したことは「遺産を申告しない、又は少なくとも本件重加算税対象財産を申告しないとの意図を外部からもうかがい得る特段の行動」と認められる。

申告しない意図

①税務職員に対し、相続財産は基礎控除額を下回っている旨の虚偽の申述を行ったこと、
②税務職員に対し、お尋ね回答書に一部の財産のみを記載した動機について、税務署に知られたくなかったことである旨申述したこと
③遺産を過少に記載した本件お尋ね回答書を提出したこと

特段の行動

①本件預貯金をX名義の預金に預け替え
②本件有価証券をX名義に変更
③遺産を過少に記載した本件お尋ね回答書を提出

審判所の 判断

　本事案は、無申告事案であるため、無申告の場合の特段の行動の要件について以下のとおり判示しました。

第 2 章　取消事例の検討　　199

無申告の場合の特段の行動の要件

　重加算税を課するためには、納税者による期限内申告書の提出がされなかったこと（無申告行為）そのものが隠ぺい、仮装に当たるというだけでは足りず、無申告行為とは別に、隠ぺい、仮装と評価すべき行為が存在し、これに合わせた無申告行為がされたことを要するものである。

　しかし、上記の重加算税制度の趣旨に鑑みれば、架空名義の利用や資料の隠ぺい等の積極的な行為が存在したことまで必要であると解するのは相当でなく、納税者が、当初から課税標準等及び税額等を申告しないことを意図し、その意図を外部からもうかがい得る特段の行動をした上、その意図に基づき期限内申告書を提出しなかった場合には、重加算税の賦課要件が満たされるものと解するのが相当である。

コメント

　前段については、「過少申告行為」を「無申告行為」に置き換え、後段については、「当初から所得を過少に申告することを意図し」を「当初から課税標準等及び税額等を申告しないことを意図し」に置き換えて、無申告の場合の特段の行動の要件を判示しています。無申告の場合の重加算税についても特段の行動の要件が適用されることが明らかにされたものと言えます。

審判所の 判断 の続き

預金の預け替え等

　Xが、法定申告期限前に、本件預貯金をXの自宅の近隣の金融機関においてX名義の預金に預け替え、本件有価証券をXが相続する旨記載した「相続手続依頼書（兼同意書）」を郵送したことは認められる。しかし、例えば、Xが、遠隔地にある金融機関にX名義の預金口座を開設し、被相続人名義の預貯金をこれに預け替えたり、被相続人名義の預貯金を解約し、他の種類の財産にしたりしたというのであれば格別、自己が相続したことを前提に金融機関において相続手続をしたり、自己名義の預金に預け替えたというだけでは、Xが、財産を隠ぺいし、又は仮装したなどと評価することはできない。

| 金融機関において相続手続をした。 | ＋ | 自己名義の預金に預け替えた。 |

↓

これだけでは、隠蔽・仮装と評価することはできない。

審判所の**判断**の続き

お尋ね書の運用状況

　お尋ね書は、実務上、課税庁において、一定の基準に基づき、相続税の申告が必要と見込まれる者に対して、相続税の申告についての案内文書と共に送付されるものである。しかしながら、上記申告の案内がなされたとしても、遺産の価額が法定相続人の数によって計算される基礎控除額の範囲内の場合等もある。課税庁としては、直ちに遺産や相続人の全容を知ることはできないから、上記申告の案内がなされたにもかかわらず、相続税の申告がされない場合には、それが、申告義務のない場合かどうかを確認する手掛かりもない。そこで、お尋ね書を送付し、相続人に対し、他の相続人の存在や、被相続人の財産・債務等の情報を照会するのである。相続人としては、相続税の納税義務を負わないと判断した場合には、上記お尋ね書に対する回答書のみを提出して課税庁における確認の用に供し、相続税の納税義務を負うものと判断した場合には、相続税の申告書を提出することとなるのである。

！コメント

　審判所は、お尋ね書がどのようなものかその運用状況を認定します。その運用状況からお尋ね回答書がどのような性質を持つものか認定します。

審判所の**判断**の続き

Xによるお尋ね回答書の提出

本件お尋ね回答書の性質からすれば、Xにおいて、期限内申告書を提出しない場合に、申告を要しないものと考える旨記載された本件お尋ね回答書を提出したことは、いわば、相続税の申告をすべきことを知りながら、これをしなかったこと（認識ある無申告）と同等の行為と評価することができるのであって、無申告行為そのものとは別に、「隠ぺい、仮装と評価すべき行為」をしたものと認めることはできない。

期限内申告書を提出しない場合に、申告を要しないものと考える旨記載された本件お尋ね回答書を提出した行為

認識ある無申告と同等の行為

無申告行為とは別の隠蔽・仮装行為とは認められない。

コメント

前述したお尋ね回答書の性質から、申告を要しないものと考える旨記載されたお尋ね回答書を提出することが認識ある無申告と同等の行為と評価できるとし、無申告行為そのものとは別の「隠ぺい、仮装と評価すべき行為」とはいえないとします。

審判所の 判断 の続き

本件お尋ね回答書の性質

　お尋ね書に係る運用からすれば、お尋ね書の回答書面は、課税庁が、当該相続が申告を要するものであるか否かの判断材料を得ることを主な目的として、納税者に対して任意に提出を求める書面であると解される。

！コメント

　さらにお尋ね回答書の性質について補足します。

審判所の 判断 の続き

本件お尋ね回答書の内容について

　本件お尋ね回答書の記載内容をみるに、確かに、申告を要しない旨の記載があるが、他方で、本件相続に係る基礎控除額が70,000,000円である旨記載した上で、金額の分かっている預貯金及び宅地として合計53,084,365円等を記載し、さらに、本件各不動産について、所在地、地目、地積及び固定資産税評価額の記載された書類を添付している。そして、ここに記載された不動産及び預貯金の総額は、後に提出された本件申告書によれば141,891,025円にも及ぶのである。そうすると、Yとして、本件お尋ね回答書及びその添付書類を見れば、Xが、申告義務を有することを十分に予想することができたものということができるのである。このような本件お尋ね回答書及びその添付書類の記載内容からしても、これを提出したことをもって、「本件被相続人名義財産について申告をしない意図を外部からもうかがい得る特段の行動」と評価した上で、重加算税の賦課要件を満たすものとすることは相当でない。

第2章　取消事例の検討　203

```
┌─────────────────────┐   ┌─────────────────────┐
│    お尋ね回答書      │   │     添付資料         │
│                     │   │                     │
│  申告を要しない。    │   │ 不動産についての所在 │
│  基礎控除額7000万円  │   │ 地、地目、地積及び固 │
│  預貯金宅地5308万円  │   │ 定資産税評価額の記載 │
│                     │   │    された書類        │
└─────────────────────┘   └─────────────────────┘
```

お尋ね回答書に記載された不動産と預貯金の総額は、後に提出された申告書によれば1億4189万円であった。

Yとして、本件お尋ね回答書及びその添付書類を見れば、Xが申告義務を有することを十分に予想することができた。

本件お尋ね回答書及びその添付書類の記載内容からしても、これを提出したことを特段の行動とはいえない。

コメント

　Xが提出したお尋ね回答書の内容からすれば、Y税務署長はXが申告義務を有することを十分に予想できたとして、実質的にも特段の行動の要件を満たさないとします。

　本裁決により、お尋ね書とお尋ね回答書の性質が明らかにされ、まず形式的には、お尋ね回答書に虚偽の記載をしたとしても認識ある無申告と同じとしました。さらに本件は、実質的に判断しても本件のお尋ね回答書の内容であれば、税務署長はXに申告義務があることを十分に予想することができたのであるから、隠蔽や仮装と評

価することはできないとしたものになります。本裁決は、お尋ね回答書に虚偽の記載がある場合の参考になるものです。ただし、本裁決と異なり、お尋ね回答書の内容をみても税務署長が納税者に申告義務があるか予想できなかった場合には、特段の行動の要件を満たすとされる可能性が残されている点に留意が必要です。

　裁決平成28年4月25日裁事103集77頁では、相続税の法定申告期限後にお尋ね書が送付され、相続財産の一部が記載されていないお尋ね回答書が提出されたことが問題となりましたが、無申告の場合の特段の行動の要件を満たさないとしています。

　裁決令和元年12月18日裁事117集51頁も、相続財産の一部が記載されていないお尋ね回答書が提出されたことが問題となりましたが、無申告の場合の特段の行動の要件を満たさないとしています。

　審判所では、お尋ね回答書に相続財産の一部が記載されていないとしても、無申告の場合の特段の行動の要件を満たさないという判断が繰り返されているといえます。

取消のポイント

**お尋ね回答書の内容から申告義務を有することは
予想できなかったのか確認する。**

（3）生命保険金の計上漏れ（裁決平成28年5月13日裁事103集43頁）

事案の 概要

　Xは、相続税の申告において、当初は1口の生命保険の権利に関する解約返戻金相当額及び2口の死亡保険金額を相続財産として申告し（本件各申告保険）、他の5口の本件保険①ないし⑤（本件各保険）及び2口の保険契約に係る権利については申告していません

第2章　取消事例の検討　205

でした。Xは、税務調査を受けて生命保険金等の申告漏れを指摘され、修正申告をしたところ、Y税務署長が重加算税賦課決定処分をしました。

X
税務調査で指摘を受けて修正申告をした。

当初申告	
生命保険に係る解約返戻金相当額	1口
死亡保険金額	2口

修正申告	
本件各保険	5口
保険契約に係る権利	2口

Yの主張する特段の行動の要件充足性

　Xは、本件当初申告までに、生命保険金及び生命保険契約に関する権利が相続税額の計算の基礎となる財産であることを十分に認識しており、本件各申告保険を申告しながら、本件関与税理士に対し、本件各保険に関する書類を提出しなかった。
　また、Xは、調査担当職員に対し、本件各保険の存在がありながら、本件各申告保険以外に被相続人に係る生命保険契約はない旨の事実と異なる申述をしていることからすれば、Xは、当初から課税標準等及び税額等を過少に申告することを意図して、その意図を外部からもうかがい得る特段の行動をし、その意図に基づく過少申告をしたと認められる。

Yが特段の行動と主張した要素
▶Xは、生命保険金等が相続財産であることを認識していた。
▶Xは、税理士に本件各保険に関する書類を提出しなかった。
▶Xは、税務職員に申告した生命保険以外に生命保険はないと回答

した。

審判所の 判断

　審判所は、以下のとおり認定し、Xについて特段の行動の要件を満たさないとしました。

Xが故意に本件各保険を除外したか

　Xは、被相続人による本件各保険の契約締結に関与していないこと、Xは、相続開始の約4か月後にL社職員から教示を受けるまでは、本件保険①及び本件保険②について、本件相続に起因する保険金の支払請求手続ないし契約者等の変更手続の必要性を認識しておらず、L社職員から促されて受動的にこれらの手続を行ったものとみられること、Xは、本件当初申告当時、本件保険③、本件保険④及び本件保険⑤の存在を認識していなかったことがうかがわれることに加え、Xは、本件当初申告書の作成過程で本件関与税理士に対し相続財産の計上漏れを指摘して訂正を求めるなど、正確な申告を行う姿勢を示していたこと、Xは、調査担当職員から本件各保険の申告漏れを指摘された後、遅滞なく修正申告に応じていることに照らせば、Xが、本件各保険を故意に本件当初申告の対象から除外したものとは認め難く、Xが、本件相続に係る相続税を当初から過少に申告することを意図し、その意図を外部からもうかがい得る特段の行動をした上、その意図に基づく過少申告をしたものとは認めることができない。

Xの故意を認めがたいとした事実

（1）本件各保険の契約締結に関与していない。

（2）相続開始の約4か月後に教示を受けるまでは、本件保険①②の保険金の支払請求手続等の必要性を認識していなかった。

（3）受動的に保険金の支払請求手続等を行った。

（4）当初申告当時、本件保険③④⑤の存在を認識していなかった。

（5）正確な申告を行う姿勢を示していた。

（6）申告漏れの指摘を受けて、遅滞なく修正申告に応じた。

審判所の **判断** の続き

さらに審判所は、Y税務署長の主張について、以下のとおり判断し、採用できないとしました。

Yの主張について

Xが、生命保険金等が相続税の課税対象となる財産であることを、一般論としては認識していたとしても、そのことから、直ちに、本件各保険を故意に本件当初申告の対象から除外したとはいえず、本件の事実関係に照らし、故意に除外したと認めることができない。

本件各申告保険と本件各保険それぞれの内容、金額、Xの認識の程度等を勘案しても、Xが、本件当初申告において、意図的に本件各申告保険のみを申告し、本件各保険については申告の対象から除外したといった事情はうかがわれない。

Xは、生命保険金等が相続税の課税対象となる財産であることを、一般論としては認識していた。

そのことから、直ちに、本件各保険を故意に本件当初申告の対象から除外したとはいえない。

コメント

相続税では、生命保険等の申告漏れで重加算税を賦課され、争いとなり、取り消されたケースが少なくありません。例えば、裁決平成28年5月20日裁事103集57頁（生命保険金）、裁決平成30年10月2日裁事113集30頁（共済金）、裁決令和3年2月5日裁事122集50頁（共済金）、裁決令和3年3月1日裁事122集68頁（生命保険金）、裁決令和3年3月23日裁事122集84頁（生命保険金）などがあります。上記アの東京地裁平成18年判決のように過少申告を意図して申告しただけでは特段の行動の要件は満たさないため、名義変更や解約

手続で、申告前に保険金等を受領するなどの手続をしていて申告の
必要性について認識していたとしても、特段の行動の有無を検討し、
特段の行動の要件を満たすのかを検討する必要があるといえるで
しょう。そして、名義変更や解約手続だけでは、特段の行動とは評
価されませんので、それ以外の事実関係の精査が重要となります。

取消のポイント

名義変更や解約手続以外に、過少申告の意図を伺わせる行動を
していないかを精査する。

最近の取消事例

　以上で取消事例がどの要件で取り消されているのか、税務署長はなぜ適法と判断して重加算税の賦課決定処分をしているのかを概観してきました。第3章では、上記の取消事例を踏まえて、最近ではどのような重加算税の賦課決定処分がされ、取り消されているのか、詳しく見ていきます。

1 試算表の作成（裁決令和3年3月24日裁事122集96頁）（所得税）

　試算表の作成による仮装行為が問題となり、重加算税の賦課決定処分が取り消された事例として、裁決令和3年3月24日裁事122集96頁があります。

事案の概要

　F社が経営するキャバクラ店Gにおいてホステス業を営んでいたXが、平成29年分の所得税等の確定申告をGの常連客であったHに依頼することとし、Hに対して、支払調書や領収書等の書類を渡し、確定申告書等の作成及び提出に係る費用として2万7千円を支払いました。

　Hは、Xの確定申告書作成にあたって根拠のない金額を必要経費として試算した試算表（本件試算表）を作成し、Xの確定申告書（本件申告書）及び所得税青色申告決算書（本件決算書）を作成し、Y税務署に提出し、本件申告書の控えの画像データをXに送信しました。

　Y税務署長は、Xから所得税等の確定申告書作成の依頼を受けたHが事実を仮装して確定申告書を提出し、当該Hの行為はXの行為と同視できるとして、Xに対して重加算税の賦課決定処分を行いました。

　なお、裁決では、本件試算表以外にHによる虚偽内容の支払調書の作成が隠蔽又は仮装行為と認定され、Hの行為はXの行為と同視できると判断され、当該行為についての重加算税の賦課決定処分は適法として維持されています。

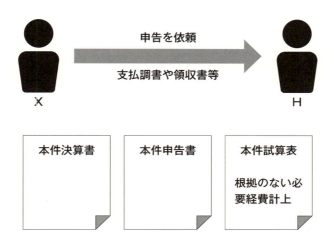

> **Yの主張（本件試算表について）**
>
> 　Hは、自宅家賃及び水道光熱費など事業に全く関係のないものや支払事実のないものまでをも必要経費に算入した本件試算表を作成した上で、これらに基づいて本件申告書を作成し、Y税務署に提出した。
> 　したがって、Hは、必要経費の計上についても、事実の隠蔽又は仮装行為を行ったものである。
> 　何ら根拠のない金額を必要経費として記載した本件試算表を作成した上で、それを基に作成した本件決算書及び本件申告書を提出した本件は、Xの主張する「過少申告行為そのものであって、過少申告の意図を外部からもうかがい得る特段の行動に当たるとは評価できない」場合には該当しない。

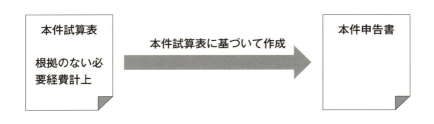

第 3 章　最近の取消事例　213

審判所の判断

本件試算表について

　Hは、本件試算表を使用して本件決算書及び本件申告書を作成した後には、本件試算表を保存しておくことなく、不要なものとしてそのデータを削除しており、また、Xを含む他者に見せることもなかったものである。なお、Hは、当初は税理士にホステスに係る試算表を渡す予定であったことは認められるものの、一人目の試算表等を作成した時点で当該税理士から早々に断られており、それより前に、Xに係る本件試算表が作成されていたことを認めるに足る証拠はないのであって、本件試算表は、税理士等他者への提示や保存が予定されていたものとは認められない。そうすると、本件試算表は、H自身が本件申告書を作成するためだけに一時的に利用した補助資料の域を出るものではないというほかなく、本件試算表の作成が、本件申告書の作成及び提出とは別の行為に該当すると認めることは困難である。

本件試算表は、保存せず、データを削除し、他者に見せることはなかった。　　税理士等他者への提示や保存が予定されていたものとは認められない。

本件試算表は、Hが本件申告書を作成するためだけに一時的に利用した補助資料の域を出るものではない。

本件試算表の作成が、本件申告書の作成及び提出とは別の行為に該当すると認めることは困難である。

審判所の判断の続き

小括

　以上からすると、本件試算表における必要経費の過大計上は、過少申告行為そ

のものである本件申告書の作成及び提出行為とは別の行為とはいえず、よって、Hが、Xの平成29年分の事業所得に係る必要経費の計上につき、過少申告行為そのものとは別に、事実の隠蔽又は仮装と評価すべき行為を行ったとはいえない。

！コメント

　本件では、虚偽の内容の試算表を作成したことが、申告行為とは別の隠蔽又は仮装行為といえるかが争点となりましたが、試算表は、申告書を作成するためだけに一時的に利用した補助資料であり、他人に見せるものではなかったことなどを理由として、過少申告行為そのものという判断がされました。上記5**1**(3)の収支内訳書の虚偽記載と類似の事案といえます。収支内訳書は、法律上申告の際に必要とされている書面であるのに対し、試算表は、法律上要求される書面ではありませんが、本事案の場合、申告のためだけに作成されたもので、申告以外の用途での使用は確認されなかったことから、過少申告行為そのものという判断がされたものと思われます。このように申告にだけ使用する書面の作成行為は過少申告行為そのものと判断される可能性があります。同様の事例があった際に申告書を作成するためだけに作成又は使用された書面であるか否かを確認するとよいでしょう。

👆取消のポイント

申告のためだけに作成された資料か否か、申告以外で使用されていないかを確認する。

第3章　最近の取消事例　215

2 相続財産の一部の不申告（裁決令和4年5月10日裁事127集15頁）（相続税）

相続財産である貯金を申告していなかったことが特段の行動の要件を満たすとして重加算税の賦課決定処分がされ、取り消された事例として、裁決令和4年5月10日裁事127集15頁があります。

事案の概要

被相続人Fが亡くなり、相続人はFの妻であるXと長男であるG（本件長男）でした。Xと本件長男は、Fの相続に係る相続税の申告書の作成（本件業務）を、税理士法人H（本件会計事務所）に依頼しました。本件会計事務所での担当税理士（本件税理士）はJであり、主な担当事務員はK（本件事務員）でした。Xは、L銀行、M銀行、N信用金庫の被相続人名義の各預金（本件各預金）の残高証明書を取得しました。本件各預金口座の残高の総額は2億8184万3369円でした。

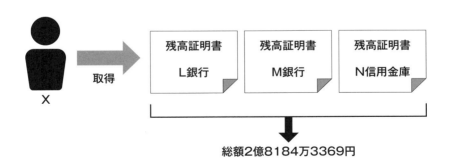

事案の概要の続き

Xは、Pを訪れ、Q銀行の被相続人名義の貯金（本件貯金）について、Xの貯金口座（X貯金口座）に払い戻す相続手続をしましたが、残高証明書の発行は依頼しませんでした。本件貯金口座からの払戻金1333万1345円（本件払戻金）は、X貯金口座に入金されました。

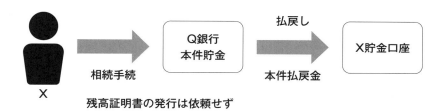

事案の概要の続き

Xは、相続税の申告書を提出しましたが、相続財産に本件貯金が記載されていませんでした。

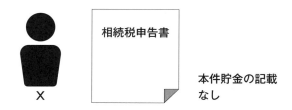

Y税務署長が、本件貯金を隠蔽したとして、重加算税の賦課決定処分をしました。

Yの主張

　Yは、以下の2点を指摘し、特段の行動の要件を満たすと主張しました。

① 　Xは、本件事務員から被相続人の預金口座等に係る残高証明書を取得するようにいわれたことから、本件各預金についての残高証明書は取得したにもかかわらず、本件貯金については、相続手続を行い、残高証明書を取得しないという特異な行動をした。

② 　Xは、本件事務員との打合せや遺産分割協議の際に、本件貯金の存在を認識するとともに、本件会計事務所に残高証明書等の本件貯金に係る資料を交付していない事実についても認識していたにもかかわらず、本件会計事務所に対して本件貯金の存在を伝えなかった。

Yが特段の行動と主張した要素

▶本件事務員から残高証明書を取得するようにいわれたが、取得しなかった。

▶本件各預金と異なる特異な行動をした。

▶打合せや遺産分割協議で本件貯金の存在を認識していた。

▶本件会計事務所に本件貯金に係る資料を提出していないことを認識していた。

▶本件会計事務所に本件貯金の存在を伝えなかった。

審判所の 判断

　審判所は、上記のY税務署長の主張するXの行動についてそれぞれ判断をします。

　まず、Xが本件貯金の残高証明書を取得しなかったことについて以下のとおり判示します。

Xが本件貯金の残高証明書を取得しなかったことについて

　Xは、本件長男から被相続人の預金口座等の残高証明書を取得するよう依頼さ

れ、平成31年1月8日又は翌9日に本件各預金口座の残高証明書を取得しているところ、本件貯金についても、同月8日に、PにおいてUを提出していることからすれば、Xは、当時、本件貯金が被相続人の相続財産であると認識していたと認められる。

```
         ┌─────────────────────────────────────────┐
         │ Xは、被相続人の預金口座等の残高証明書を │
         │         取得するよう依頼された。        │
         └─────────────────────────────────────────┘
   ┌──────────────────────────┐  ┌──────────────────────────┐
   │ 平成31年1月8日、本件各預 │  │ 平成31年1月8日、本件貯金 │
   │ 金口座の残高証明書を取得。│  │ について、PにおいてUを提出。│
   └──────────────────────────┘  └──────────────────────────┘
                         ↓
         ┌─────────────────────────────────────────┐
         │ Xは、本件貯金が被相続人の相続財産であると認識していた。│
         └─────────────────────────────────────────┘
```

審判所の **判断** の続き

本件貯金を除外する意図

①本件払戻金の金額13,331,345円が、当初申告における相続財産の総額の○％程度にすぎず、本件各預金の総額281,843,369円の5％程度でしかないこと、②本件払戻金が入金されたX貯金口座は、解約されることなく、本件払戻金の入金前後を通じて、Xにおいて継続的に使用されており、本件払戻金に相当する金銭の払出しがないこと、③被相続人の遺産のうち、Xが取得したいと希望していたものは自宅のみであり、それ以外の財産について特段の関心があったとは認められないこと、④Xは、本件調査の際、本件調査担当職員に対し、本件貯金が本件申告から漏れていた旨を自ら申し出ていることを踏まえると、本件申告からあえて本件貯金のみを除外しようとする意図がXにあったものとは認められない。

① 本件払戻金は本件各預金の5%

② X貯金口座から本件払戻金に相当する金銭の払出はない。

③ Xは遺産のうち自宅以外に関心がなかった。

④ Xは調査で申告漏れを自ら申し出ている。

Xに、本件申告からあえて本件貯金のみを除外しようとする意図があったとは認められない。

審判所の 判断 の続き

手続を失念した可能性

　Pの職員が、被相続人の貯金口座等に係る残高証明書の発行を勧めていなかったこと、平成31年1月8日にXがPを訪れてUを提出したことは、口座名義人に相続が開始したことを理由に訪れた顧客に対し、当時のPが行う一般的な案内に従ったものであること、さらに、Xは、本件各預金口座の残高証明書を取得し得たものの、残高証明書の発行依頼手続に習熟していたことを示す証拠もないことを併せ考えると、Xは、Pにおいて、残高証明書の発行依頼をしたものの、その意図が正確に伝わらないまま、Uを記入するよう案内され、本件貯金の相続手続を残高証明書の発行依頼手続と誤解した可能性や、案内されたUの記入をしているうちに、残高証明書の発行を依頼する手続を失念した可能性を否定できない。

| Pの職員が、残高証明書の発行を勧めていなかった。 | XがPを訪れてUを提出したことは、Pが行う一般的な案内に従ったものである。 | Xは、残高証明書の発行依頼手続に習熟していた証拠はない。 |

↓

Xは、Pにおいて、残高証明書の発行依頼をしたものの、その意図が正確に伝わらないまま、Uを記入するよう案内され、本件貯金の相続手続を残高証明書の発行依頼手続と誤解した可能性がある。

Xは、案内されたUの記入をしているうちに、残高証明書の発行を依頼する手続を失念した可能性がある。

審判所の 判断 の続き

誤信の可能性

　Xは、Uを提出した約3週間後の平成31年1月29日に、再びPを訪れて相続手続を行っているが、その際にも、残高証明書の発行は依頼していない。しかしながら、Xは、既に、同月8日及び9日に本件各預金口座の残高証明書を取得済みであり、本件貯金についても同じ時期である同月8日にPを訪問していることから、同月29日の時点では、本件貯金についても本件各預金と同様に残高証明書の発行依頼が既に了したものと誤信していた可能性を否定できない。そして、Xが、同日にPを再訪し、相続手続に必要な書類を提出したことは、相続が開始したことを理由にPを訪れてUを提出した顧客に対し、当時のP及びQ銀行が行う一般的な案内に従ったものであることを併せ考えると、Xが、同日、Pを訪問したのは、Q銀行から案内を受けた相続手続に必要な書類を提出するためであり、同訪問時には、本件貯金口座に係る残高証明書の交付を受けることは念頭になかった可能性を否定できない。

| 1月8日及び9日に本件各預金口座の残高証明書を取得済み。 | 本件貯金についても1月8日にPを訪問。 |

本件貯金についても残高証明書の発行依頼がされたと誤信していた可能性がある。

Xが、Pを再訪し、相続手続に必要な書類を提出したことは、P及びQ銀行が行う一般的な案内に従ったものである。

 併せ考えると

Xが、Pを訪問したのは、Q銀行から案内を受けた相続手続に必要な書類を提出するためであり、同訪問時には、本件貯金口座に係る残高証明書の交付を受けることは念頭になかった可能性がある。

審判所の**判断**の続き

特異な行動といえるか

　Xが、本件各預金についてはいずれも残高証明書を取得しながら、本件貯金についてのみこれを取得せず相続手続をしたことについては、上記で述べた可能性について明確に否定できない以上、これをもって特異な行動であると断ずることはできない。仮に、Xが、本件貯金のみを本件申告から積極的に除外しようと考えていたのであれば、「貸付金R保険料」の存在自体が被相続人がQ銀行に係る口座を有していた可能性を示すものである上、本件貯金が保険料支払の原資になっているのであるから、本件申告書の作成・提出において、本件貯金の存在をうかがわせることになる「貸付金R保険料」の記載に留意し、本件申告に先立ち何らかの秘匿工作をとっていてもおかしくないが、Xがそのようなことをした形跡などもない。

> Xが、本件各預金の残高証明書を取得しながら、本件貯金についてのみこれを取得せず、相続手続をしたこと。

⬇ 上記誤信や失念の可能性があるため

> 特異な行動とはいえない。

> 「貸付金R保険料」 本件貯金の存在をうかがわせる

> Xが秘匿工作をした形跡などもない。

審判所のの続き

小括

　以上のことを総合勘案すると、Xは本件貯金につき被相続人の相続財産であると認識していたと認められるものの、Xが本件貯金口座に係る残高証明書の発行依頼をしなかったことは、Xの故意によるものとは認め難い。

審判所のの続き

　次に審判所は、Xが本件貯金の存在を本件会計事務所に伝えなかったことについて以下のとおり判示します。

Xが本件貯金の存在を本件会計事務所に伝えなかったことについて

　①本件業務に関する打合せのほとんどが、本件事務員と本件長男との間で行われたこと、②本件税理士や本件事務員は、本件業務の過程で、Xと本件長男に対し、被相続人の相続財産にQ銀行の貯金があるか否かを確認していないこと、③

本件遺産分割協議書及び本件申告書の原案は本件事務員及び本件長男により作成され、Xが令和元年9月4日までこれらの原案を見ていないこと、④Xは、令和元年9月4日及び翌5日、本件遺産分割協議書や本件申告書への押印等のため、本件長男と本件事務員との打合せに同席したものの、その際、本件事務員から本件遺産分割協議書や本件申告書の内容について入念に確認するよう指示を受けていないこと、⑤Xは、本件調査の際、本件調査担当職員に対し、本件貯金が本件申告から漏れていた旨を自ら申し出ていることからすると、Xは、本件貯金が被相続人の相続財産であると認識していたものの、本件貯金が本件申告に相続財産として計上されていないことを認識していなかった可能性を否定できない。

　また、本件申告からあえて本件貯金のみを除外しようとする意図がXにあったものとは認められないこと、当審判所の調査によっても、Xが、本件会計事務所に対し、本件貯金の有無に関し、虚偽の説明を行ったことをうかがわせる証拠関係も見当たらないことも併せ考えると、本件貯金の存在を故意に伝えなかったとまで認めることはできない。

① 本件事務員と本件長男が打合せをした。
② 本件税理士や本件事務員がQ銀行の貯金を確認していない。
③ Xは元年9月4日まで本件遺産分割協議書及び本件申告書の原案を確認していない。
④ Xは本件遺産分割協議書及び本件申告書の入念な確認の指示を受けていない。
⑤ Xは調査で自ら申告漏れを申し出た。

Xは、本件貯金が被相続人の相続財産であると認識していたものの、本件貯金が本件申告に相続財産として計上されていないことを認識していなかった可能性がある。

Xに本件申告からあえて本件貯金のみを除外しようとする意図があったとは認められない。

Xが、本件会計事務所に対し、本件貯金の有無に関し、虚偽の説明を行ったことをうかがわせる証拠関係も見当たらない。

Xが本件貯金の存在を故意に伝えなかったとまで認められない。

　審判所は、以上からすると、本件申告を行うに当たり、①本件貯金口座の残高証明書を取得せず、②本件貯金の存在を本件会計事務所に伝えなかった一連の行為において、重加算税の課税要件を満たさないとしました。

コメント

　相続財産の一部の申告漏れについて、申告漏れの金額が大きけれ

ば、故意に除外したと疑われるケースも少なくありません。争いと
なった場合、故意に除外したといえるのかについて、詳細な事実認
定がされることになります。本件においても税務署長が主張する重
加算税の賦課要件を満たす事実関係について、審判所がそれぞれ詳
細な事実認定をして税務署長の主張は採用することができないとし
ました。相続財産について、故意に除外したとしても過少申告行為
そのものであり、過少申告以外の何らかの作為がされていなければ、
取り消されることもあります（前掲東京地裁平成18年判決198頁参
照）。そのため、税務署長が、何をもって重加算税の賦課要件を満
たすとしているのかを確認し、そもそも故意ではなく過失ではない
か、特段の行動の要件を満たすのかという点も十分に確認し、重加
算税の賦課要件を満たすのかを検討する必要があるでしょう。

取消のポイント

過失による申告漏れの可能性が否定できるのか検討する。

3 副業での売上の無申告（裁決令和5年1月27日裁事130集41頁）（所得税）

　インターネット販売による売上について取引名義を実在しない会社名
や親族の名称等として仮装したとして重加算税の賦課決定処分がされ、
取り消された事例として、裁決令和5年1月27日裁事130集41頁があり
ます。

事案の概要

　会社員であるXは、平成24年頃から副業として、インターネット上に開設したネットショップで、自身で輸入した商品を販売していました。Xは、平成26年頃、F社が運営するショッピングサイトに、店舗名を「G」とするネットショップ（本件ネットショップ）を出店し、商品の販売をしました（本件ネット販売）。Xは、確定申告をしていなかったところ、税務調査を受け、平成26年分ないし令和2年分の所得税等の確定申告をしました。

　Y税務署長は、Xが本件ネットショップの出品者プロフィール画面の正式名称欄に「H社」と実在しない会社名を記載し、代表者欄に「J」とXの母の名を記載するなどして、取引名義を仮装することにより、本件ネット販売を行っていた事実を隠蔽していたとして、重加算税の賦課決定処分をしました。

X
会社員

副業

F社が運営するショッピングサイト

本件ネットショップ：店舗名G

出品者プロフィール
H社
代表者　J

Yの主張

Xは、本件ネットショップにおいて、出品者プロフィール画面の正式名称欄に「H社」と実在しない会社名を記載し、代表者欄に「J」とXの母の名を記載するなどして、取引名義を仮装することにより、本件ネット販売を行っていた事実を隠蔽していた。

審判所の 判断

審判所は、Xが行っていた本件ネットショップにおける取引について、以下のとおり認定します。

仕入取引

Xは、商品を輸入する際はX本人の姓名で輸入申告を行い、X本人名義の預金口座で決済しており、商品の仕入先に対しては、Xの実名で取引を行っていた。

F社との取引

Xは、本件ネット販売に係る売上代金について、F社にX本人名義の預金口座を登録し、当該預金口座にF社が顧客から回収した売上代金が入金されていたもので、F社に対しても、Xの実名で取引を行っていた。

顧客との取引

Xは、顧客との取引においては、出品者プロフィール画面の正式名称欄に「H社」等の実在しない会社名を記載し、代表者欄に「J」とXの母の名を記載し、Xの姓名は記載しない一方で、出品者プロフィール画面にX携帯番号を記載し、カスタマーサービス用のメールアドレスにはXのメールアドレスを表示し、顧客からの問合せのメールに対してはXの姓を名乗って対応し、また、顧客に商品を発送する際は、発送伝票にXの姓とX携帯番号、X自身の住所地を記載するなどしていた。

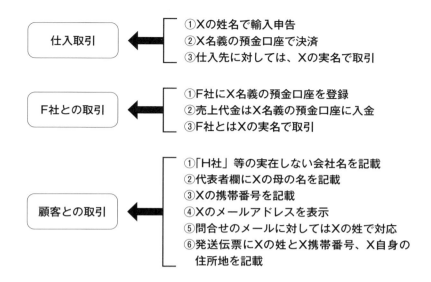

　以上の事実を隠蔽又は仮装行為と評価できるかについて、審判所は以下のとおり判断します。

審判所の判断の続き

Xの母名義の使用について

　Xは、顧客からの問合せ先としてX自身のメールアドレスを表示し、出品者プロフィール画面や顧客への発送の際の発送伝票にX携帯番号を記載し、また、当該発送伝票の依頼主の住所にX自身の住所地を記載して、顧客に対しても、Xの母ではなく、X自身が本件ネット販売を行っていることを示す行為をしていること、商品の出品及び顧客への引渡しの前後で行われた商品の仕入れやF社を通じての売上代金の回収において、一貫して、Xの実名で取引を行い、X本人名義の口座を用いていたことからすると、商品の出品及び顧客への引渡しの段階において、上記のようにXの母の姓名を記載したりXの姓のみを記載したりしていたことをもって、直ちにXが本件ネット販売を行っていることを隠した又はXの母が本件ネット販売を行っているかのように装ったと評価することはできない。

第3章　最近の取消事例　　229

①顧客からの問合せ先にXのメールアドレスを表示
②出品者プロフィール画面と発送伝票にX携帯番号を記載
③発送伝票の依頼主の住所にX自身の住所地を記載

顧客に対して、Xが本件ネット販売を行っていることを示している。

商品の仕入れやF社を通じての売上代金の回収は、Xの実名で取引。

Xの母の姓名を記載したりXの姓のみを記載したりしていたことをもって、直ちに隠蔽行為・仮装行為とは評価できない。

審判所の**判断**の続き

実在しない会社名の使用

　出品者プロフィール画面の出品者の正式名称欄等に、実在しない会社名を記載することや従前契約していたバーチャルオフィスの住所地を記載し続けていたことについても、特定商取引法等の問題は別にして、X携帯番号やXのメールアドレスの表示等、X自身の表示・記載をしている部分もあることなどからすると、このような会社名の使用等をもって、直ちに本件ネット販売に係る取引上の名義を隠す、あるいは、他人と偽る行為であるということはできない。

> 出品者プロフィール画面の出品者の正式名称欄等に、実在しない会社名を記載していたこと等。

> X携帯番号やXのメールアドレスの表示等、Xの表示・記載をしている部分もある。

> このような会社名の使用等をもって、隠蔽行為・仮装行為とはいえない。

　審判所は、以上のとおり判断し、本件ネット販売において、課税標準等又は税額の計算の基礎となる事実の隠蔽又は仮装の行為があったとは認められないとしました。

!コメント

　近年、副業を認める企業も増えてきている中で、副業での無申告と重加算税が問題となった事案です。母名義を使用していたり、実在しない会社名を使用したことが仮装であると主張されましたが、取引にあたって、自らの口座やメールアドレス、配送伝票に自らの携帯電話番号や住所を使用していた事実などを考慮し、仮装行為とは認めませんでした。本件で、Xは勤務先の会社で副業が認められていなかったため、自身の名称を本件ネットショップには使用しなかったと主張しています。同様にインターネット取引では、プライバシー等を考慮した仮名での取引が存在することは少なくなく、本件は、仮名を使用した場合の取引についての隠蔽行為や仮装行為の判断の参考になるものと思われます。

　本件のように一部に仮装とみられる行為があったとしても、取引

全体を見て仮装行為と評価されないケースもありますので、取引の一部だけではなく、全体も検討した上で、仮装か否かを判断する必要があるといえるでしょう。

取消のポイント

取引の一部に仮装とみられる行為があったとしても、取引全体を見て仮装行為と評価できるのかを確認する。

---

4 売上の計上漏れ（裁決令和5年12月4日裁事133集24頁）（法人税）

　株式会社において、工事代金の一部が申告漏れになったことについて、領収証を発行しなかったか、破棄したことにより、隠匿したものであるとして、重加算税の賦課決定処分がされ、取り消された事例として、裁決令和5年12月4日裁事133集24頁があります。

事案の 概要

　X社は、建築工事等を目的として設立された法人であり、設立時の代表取締役はGで、取締役はEでした。Eは令和4年11月30日に代表取締役に就任しました。

　X社が受けた税務調査において、令和2年12月期（令和2年1月1日から令和2年12月31日）で4件、令和3年12月期（令和3年1月1日から令和3年12月31日）で3件の合計7件の工事（本件各工事）について、帳簿に記載されておらず、各工事代金（本件工事代金）が売り上げに計上されていないとの指摘を受けました。

帳簿に記載がなく、売上計上されていない工事
令和2年12月期　　4件
令和3年12月期　　3件

事案の**概要**の続き

当該税務調査において、X社は、現金で受領した本件工事代金を総勘定元帳に計上せず、受領した金員をEが個人的に費消したことを認める旨の書面の提出を求められたため、Eの署名と代表取締役印を押印したうえで、要旨下記の内容の申立書を提出しました。なお文案は、税務職員に提示された案を修正したものです。

X社の申立書の要旨

① 本件工事代金については、Eが現金で受領した際、領収証の発行を失念したことから、売上げに計上するための原始記録がなく、帳簿に記載することができなくなり、総勘定元帳に計上していなかった。
② 本件工事代金として受領した金員の管理が不十分であったため、どのようにしたか分からないが、個人的に費消したと思われても仕方がない。
③ 売上げに計上していなかったのは、当社の書類の整理がずさんであったために起きてしまったことだが、悪気がないということを理解していただきたい。

Y税務署長は、X社に対し、要旨以下の処分の理由を記載した賦課決定通知書で重加算税の賦課決定処分をしました。

処分の理由

① 本件工事代金の売上げは、X社の専務取締役であるEが現金で受領した。
② Eは、当該売上げに係る原始資料を作成、保管しなかった。
③ X社が記帳代行を委託しているH商工会に当該売上げを報告しないことにより、総勘定元帳に計上せず、益金の額に算入しなかった、又は課税標準額に計上しなかった。
④ 上記①から③までのとおり、仮装又は隠蔽の事実が認められたため、通則法第68条の規定により計算した重加算税を賦課決定した。

本件工事代金は、Eが現金で受領した。	Eは当該売上の原始資料を作成保管しなかった。	X社はH商工会に当該売上を報告しなかった。

X社には仮装又は隠蔽の事実が認められる。

　審査請求手続では、Y税務署長は、上記の賦課決定通知書に記載した重加算税の賦課決定の理由について、X社が修正申告を提出した経緯を加えて、以下のとおり詳細な主張をします。

Yの主張

① Eは、本件工事代金に係る見積書又は請求書を作成した上で、取引先から本件工事代金を現金で受領していたにもかかわらず、取引先に対して領収証を発行せずに、本件工事代金を売上げに計上するための領収証の控えも保存していない。

② Eは、本件工事代金に係る金員について「X社の費用に充てたとも思えず、個人的に使ってしまったかもしれない」旨を申述し、また、本件申立書には「どのようにしたか分からないが、個人的に費消したと思われても仕方がない」旨を記述している。 そして、本件法人税各修正申告書には、売上計上漏れの処分の社外流出欄に、賞与と記載されていることに加え、X社は本件工事代金について、X社がEに対して支給した給与であるとして、源泉徴収に係る所得税及び復興特別所得税を納付していることから、Eは、取引先から現金で受領した本件工事代金について、個人的に費消したと認められる。

③ X社は、本件工事代金を受領した事実を日計帳に記載せずに総勘定元帳にも計上しておらず、現金で受領した本件工事代金をEが個人的に費消していることからも、X社が主張するような単なる事務処理上の誤りとは認められない。

④ Eは、X社の現金管理及び経理の全てを行っており、本件工事代金を受領しているのであるから、本件工事代金を受領した時点において、これがX社に帰属する金員であることを十分に認識しているにもかかわらず、日計帳に記載することなく、個人的に費消していると認められる。X社は、Eが本件工事代金を個人的に費消したことについて、X社からEに対して簿外資金をもって役員賞与を支出したとして追認し、これに基づいた本件法人税各修正申告書を提出していることから、これらの行為は故意に行われたと認められる。

審判所の 判断

　以上のY税務署長の主張について、審判所は以下のとおり判断していきます。

　まず、領収証の不存在の理由について以下のとおり判断します。

領収証の不存在の理由

　X社は、通常、売上代金を現金で受領した際に、取引先に領収証を発行して、その控えを保管し、現金の入出金等については、領収証の控えなどをまとめてEの知人へ引き渡して、日計帳の作成を依頼して作成していた上、日計帳や領収証の控えなどを1年分まとめて総勘定元帳の作成を委託しているH商工会へ引き渡

して作成しているところ、領収証の控えが存在しながら故意に日計帳に記載がされず、総勘定元帳に計上がされなかったことをうかがわせる証拠はない。そうすると、本件工事代金が日計帳に記載されず、総勘定元帳に計上されていなかったのは、X社が、本件工事代金に係る領収証を故意又は過失により発行しなかったか、その控えを故意又は過失により破棄したことによるものと認められる。

X社の通常の業務フロー

売上代金を現金で受領した場合
①取引先に領収証を発行
②領収証の控えを保管

現金の入出金等について
①領収証の控えをまとめてEの知人へ引き渡す。
②Eの知人へ日計帳の作成を依頼
③日計帳や領収証の控えなどを1年分まとめてH商工会へ引き渡す。
④H商工会に総勘定元帳の作成を依頼

領収証の控えが存在しながら故意に日計帳に記載がされず、総勘定元帳に計上がされなかったことをうかがわせる証拠はない。

本件工事代金が日計帳に記載されず、総勘定元帳に計上されていなかった理由は

 いずれか

X社が、領収証を故意又は過失により発行しなかった。

X社が、領収証の控えを故意又は過失により破棄した。

審判所の 判断 の続き

次にX社が故意に領収証を発行しなかったのかについて以下のとおり判断します。

領収証を発行しなかったか

本件工事代金の領収証を発行しなかったことについては、Eが領収証の発行を失念した旨の記述のある本件申立書があるものの、同記述からは、同人が、過失により本件工事代金について領収証の発行を行わなかった事実が認められるだけで、同人が、故意に本件工事代金に係る領収証を発行しなかった事実まで認められるものではない。

本件申立書におけるEが領収証の発行を失念した旨の記述。

過失により領収証の発行を行わなかった事実が認められる。

故意に領収証を発行しなかった事実まで認められない。

審判所の 判断 の続き

故意に帳簿に計上しなかったかについては、以下のとおり判断します。

故意に帳簿に計上しなかったか

本件工事代金は、X社の本件各事業年度における売上高の0.2％弱にとどまり、その余の売上げに係る所得は確定申告がされていたのであるから、X社が確定申告において過少に申告した所得の額や割合が、本件工事代金を故意に計上しなかったことを推認させる事情とはならない上、ほかの工事代金については領収証の作成や帳簿への記載がなされる一方で、本件工事代金についてのみ領収証の作成や帳簿への記載がなされなかったことが意図的なものであるとうかがい得るよ

うな規則性・共通性なども見いだし難い。

そのほか、X社が、本件工事代金について、故意に領収証を発行しなかったこと、あるいは、領収証を作成しながらその控えを故意に破棄したことなどにより、故意に帳簿に記載しなかったことを裏付ける証拠は見当たらない。

①本件工事代金はX社の売上高の0.2％弱
②その余の売上は確定申告がされている

→ 過少に申告した所得の額や割合が、本件工事代金を故意に計上しなかったことを推認させる事情とはならない。

①帳簿への記載と不記載について
②領収証の作成と不発行について

→ 意図的なものであるとうかがい得るような規則性・共通性なども見いだし難い。

審判所の **判断** の続き

Y税務署長が主張の根拠としている本件申立書と本件法人税各修正申告書から推認できる事実について以下のとおり判示します。

Yの主張について

Eが本件工事代金として取引先から受領した金員について、個人的に費消した旨や、X社が、本件法人税各修正申告書において、本件工事代金をEに対し役員賞与として支出したとして同費消を追認した旨のY税務署長の主張についても、確かに、本件申立書には、本件工事代金として受領した金員の使途が不明であるためにEが個人的に当該金員を費消したと思われても仕方ない旨の記述があり、また、X社は、本件法人税各修正申告書において、本件工事代金の処分として社外流出欄に賞与と記載している。

しかしながら、これらの記述などからは、Eが、取引先から受領した本件工事代金の使途が不明であることから個人的な費消として取り扱われてもやむを得ない旨を同人が事後的に承諾したことや、X社も事後的に売上計上漏れと判明した本件工事代金相当額についてEに対する賞与の取扱いとしたことが認められるとしても、Eが、手元にある現金を本件工事代金であると認識した上で個人的に費消したとまで認められるものではない。

本件申立書	本件法人税各修正申告書
Eが個人的に費消したと思われても仕方ない旨の記述	本件工事代金の処分として社外流出欄に賞与と記載

> Eが、手元にある現金を本件工事代金であると認識した上で個人的に費消したとまで認められるものではない。

審判所の**判断**の続き

> 　Eが個人的に費消して、賞与として申告されたことについては、以下のとおり判断します。
>
> **Eが個人的に費消したことについて**
>
> 　EはX社の現金管理及び経理の全てを行っており、自ら本件工事代金を取引先から受領しているから、同人は、本件工事代金に係る現金を受領した時点では、それがX社に帰属する金員であると認識していたとしても、Eが故意に本件工事代金に係る領収証を発行しなかったとまでは認められないこと、現金の入出金等に係る日計帳の作成をまとめて知人に依頼していたこと、本件工事代金に係る売上金額が、X社が行っていたほかの工事の売上金額と比較しても、低額の部類に属することなどからすれば、Eが、本件工事代金に係る現金の受領後、自らの所持金と混同することなどにより、X社に帰属する金員との認識を欠いた状態となり、手元にあった本件工事代金の受領に係る現金を個人的用途に費消した可能性を否定できず、そのほか、Eが、本件工事代金をX社に帰属する金員であると認識した上で、個人的に費消したことを認める証拠もない。

| Eが故意に領収証を発行しなかったとは認められない | 現金の入出金等に係る日計帳の作成を知人に依頼していた | 本件工事代金に係る売上金額が、低額の部類に属する |

> Eが、本件工事代金の受領後、所持金と混同することなどにより、X社に帰属する金員との認識を欠いた状態となり、本件工事代金の受領に係る現金を個人的用途に費消した可能性がある。

　審判所は、以上のとおりに認定し、Xが課税標準等又は税額等の計算の基礎となる事実について、隠匿あるいは故意に脱漏したとまでは認められないことから、本件工事代金がXの申告漏れとなったことは、国税通則法第68条第1項に規定する「隠蔽」に該当するとは認められないとしました。

コメント

　本裁決では、通知書に記載された重加算税の要件を満たすとされる理由と、審査請求手続でのY税務署長が主張した重加算税の要件を満たす理由がそれぞれ記載されています。本裁決を見てわかるとおり、Y税務署長は、賦課決定通知書では処分理由が簡潔に記載されているのみですが、審査請求になってからより詳細な主張がされていることが分かります。本件では、領収証が発行されていないか、破棄されたのかが問題となりましたが、証拠上いずれであるかは認定されませんでした。またEが工事代金を費消したことについてもX社の金員であることを認識したうえで個人的に費消したとも認められないとし、いずれもY税務署長の主張が立証されていないとしました。本件のように故意に売上を脱漏したとされるケースでは、

過失による売上の計上漏れとの違いが証拠上も意識されることとなります。過少申告行為とは別の隠蔽又は仮装行為が問題となりますので、故意に過少申告をしただけでは足りず、故意に隠蔽又は仮装行為をしているのかが間接事実から認められるかを十分に検討しなければなりません。また、本件工事代金は全部で7件の売上になるので、各売上について、それぞれ故意が認められるかも個別に検討する必要があります。

👆取消のポイント

過失による申告漏れの可能性が否定できるのか検討する。

吉田 正毅（よしだ まさたけ）　弁護士

○著者略歴
平成16年	慶應義塾大学理工学部物理情報工学科卒業
平成19年	大阪大学大学院高等司法研究科修了
平成19年	最高裁判所司法研修所（実務修習地：那覇）
平成20年	弁護士登録（第二東京弁護士会）
平成25年〜平成28年	名古屋国税不服審判所　国税審判官
平成28年	渋谷法律事務所（現任）
平成31年〜令和5年	第二東京弁護士会調査室嘱託
令和5年	神奈川大学大学院法学研究科非常勤講師（現任）
	日本弁護士連合会税制委員会委員（現在）

○受賞
第38回日税研究賞（平成27年7月）

○主なセミナー実績
令和6年4月　日本税法学会関東地区研究会「研究報告（裁決研究）法人税法64条2項と重加算税―
　　　　　　国税不服審判所令和6年2月7日裁決―」
令和5年7月　関東信越税理士会高崎支部「税務調査対応の事実認定入門」
令和4年7月　神奈川大学法学研究科「弁護士から見た税法の考え方」

○主な著作
『図解　税務調査対応の法的反論マニュアル』（令和5年、日本法令）
『税務調査対応の「事実認定」入門』（令和2年、ぎょうせい）
『新旧徹底比較‼　決定版　新しい広大地評価の実務』（共著）（平成29年，ぎょうせい）
「財産評価基本通達と租税回避―最高裁令和4年4月19日判決を題材として―」（阪大法学第72巻第3・4号（令和4年））
「固定資産税における家屋の時価」（税法学585号（令和3年）
「重加算税―事実の隠ぺい・仮装と税法上の評価誤り（上）（下）」
　　（月刊税理平成28年11月号12月号）

ひと目でわかる！
重加算税の反証ポイント

令和6年12月10日　第1刷発行

著　者　吉田　正毅

発　行　株式会社 ぎょうせい

〒136-8575　東京都江東区新木場1-18-11
URL：https://gyosei.jp

フリーコール　0120−953−431

ぎょうせい　お問い合わせ　検索　https://gyosei.jp/inquiry/

〈検印省略〉

印刷　ぎょうせいデジタル株式会社　　　　©2024 Printed in Japan
＊乱丁・落丁本は、お取り替えいたします。

ISBN978-4-324-11467-4
（5108971-00-000）
〔略号：重加反証ポイント〕

調査対応の理論武装に!!

税務調査対応の「事実認定」入門

弁護士 **吉田正毅**【著】

A5判・定価2,530円(10%税込)
〔電子版〕価格2,530円(10%税込)

※電子版は ぎょうせいオンラインショップ 検索 からご注文ください。

- ●弁護士であり元国税審判官が解説する税務特化型の入門書!
- ●税務判例のみのケーススタディから読み解く裁判所の事実認定手法!
- ●税務署内部で作成される資料をもとに調査側の視点から、税務調査手続を解説!

主要目次

第1章 事実認定概説
1 はじめに／2 事実認定とは／3 動かしがたい事実とストーリー／4 経験則／5 証拠／6 事実認定の対象

第2章 ケーススタディ
1 業務関連性の認定／2 預金の帰属者の認定について／3 リベートの帰属／4 株主総会決議及び取締役会決議の有無／5 証人の信用性／6 贈与か貸付金か／7 贈与の時期／8 税務調査での事実認定

第3章 税務調査手続
1 税務調査手続の概要／2 準備調査／3 事前通知／4 調査手続チェックシート／5 実地の調査／6 質問応答記録書／7 質問応答記録書の記載内容の趣旨が争いとなった事例／8 争点整理表／9 調査終了の際の手続／10 おわりに

株式会社 **ぎょうせい**

フリーコール **TEL:0120-953-431** [平日9~17時] **FAX:0120-953-495**
〒136-8575 東京都江東区新木場1-18-11
https://shop.gyosei.jp ぎょうせいオンラインショップ 検索